Learning Finance through Stories

金融の基礎から
企業価値評価、
投資戦略まで

ストーリーでつかむ
ファイナンス理論

永野良佑
Ryosuke Nagano

日本実業出版社

はじめに

　本書『ストーリーでつかむファイナンス理論』は、金融のいくつかある分野のうち、コーポレート・ファイナンスを中心にその理論的背景を簡単に、わかりやすく解説します。コーポレート・ファイナンスというのは、無理に訳せば「企業金融」ですが、**会社がどうやって資金を調達するのが適切なのかを考える取り組み**です。

　ただ、資金を「調達」するためには資金を出してくれる人を無視するわけにはいかないので、本書では、**資金を提供、つまり運用しようとする側から見た「投資理論」**についても同じくらいの分量を割いて説明しています。

　会社というのは、個人がおカネを出し合ってひとつの単位とし、その単位が経済活動を行なう仕組みです。多くの人が会社に雇われて給料をもらい、会社が作ったモノやサービスを、会社組織になっている商店から買っているのが現在の社会ですので、その会社をおカネという切り口で理解することは大切なのです。

　本書の特徴は、他の類書ではバラバラに扱われている内容を、同じ筆者が統一的に説明していることです。たとえば、投資理論の「リスクとリターン」の概念は、コーポレート・ファイナンスのＣＡＰＭやそこで出てくるβ、あるいはMM定理と切り離して説明され、それぞれ独自に理解しなければいけないのが通例です。

　確かに、これらを統一的に理解しようと試みるよりも、似て非なるそれぞれの考えかただと思うほうが楽

かもしれません。しかし、これらは根っこのところでつながっている理論で、適用が異なるだけなのです。本書を通読していただければ、ファイナンス理論を貫く根本的な考えかたを感じとれると思います。

　また、本書ではファイナンスを現実の問題として捉えてもらえるよう、実在の企業の、実際の公開情報を適宜用いて解説しています。理論と現実とは必ずしも一致しないことが多く、取り上げた内容が理論の例外になっているケースもありますが、他方、限界はあっても理論が有益なことも感じていただけるはずです。
　さらに、街の時計屋さんの若旦那という架空の主人公を置き、若旦那の悩みをストーリーとして採用しています。こちらも、身近に感じられる設定のはずですから、みなさんも若旦那になったつもりで読み進めてみてください。

　筆者の趣味もあって、記述は多分に口語的です。また、学術的な内容であっても、理論の純粋性ではなくその根幹を理解してほしいため、末節は省略し、平易な記載を心がけています。通読していただければ、コーポレート・ファイナンスに関連するおおまかな理屈は理解できます。さらに興味があれば、筆者の関連著書を含め、他の書物に当たってみるといいでしょう。ただ、多くの読者にとっては、本書を読めば経済新聞の関連記事に対する理解度が深まり、ビジネス経済の動きを周囲の人に解説できる程度の知識は身に付くことでしょう。

　最後になりましたが、本書ではところどころ、「現実はなかなか理論どおりにはいかない」と述べていま

す。これは、本書で説明するような理論を知ることが無意味だという意味ではありません。むしろ反対で、**適切な理論を理解した上で、なにが理論と異なるのかという考えかた**を身に付ければ、現実を理解することが容易になるのです。

　筆者はファイナンスの現場に長いこと携わってきましたから、現場の重要性をよく認識しているつもりです。現場にいたからこそわかる理論の大切さ、そして、理論を再度現実にフィードバックして考えてみることの楽しさ、これに気付く人が一人でも増えれば、筆者としてこれほど幸せなことはありません。将来、現実のファイナンス案件のどこかで、みなさんにお目にかかることを願っています。

　　　2013年秋　東京都の自宅にて　　永野　良佑

ストーリーでつかむファイナンス理論／目次

はじめに
プロローグ　ファイナンスの世界へようこそ …………………………… 11
登場人物の紹介 ………………………………………………………………… 14

第1章
ファイナンスを理解するための基礎知識
「お金の時間的価値ってなんだ？」

★1　金利
DVDのレンタル料金と理屈は同じ …………… 19

★2　インフレとデフレ
値上がり前にパンを買おうとみんなが思うと、パンの値段は上がってしまう …………… 23

★3　実質金利と名目金利
デフレで借金は増えていく!? …………… 27

★4　おカネの現在価値
ゼロ金利のローンは必ず借りるべき …………… 36

★5　単利と複利
友だちに友だちを紹介してもらうと、友だちの数は「加速度的」に増える …………… 41

★6 預金と債券
商品券を金券ショップに売ると、
損してしまうこともある ……………… 45

★7 国債と社債
国だって、
お金がなければ借りるしかない ……… 50

★8 債券の利回り
積立の有利・不利を
考えるには ……………………………… 55

★9 融資と信用リスク
貸したランチ代が
戻ってこないこともある ……………… 61

★10 信用リスクと格付け
日本の信用は大丈夫？ ………………… 65

第2章
資金を運用する側から見た
ファイナンスの理論
「リスクとリターン、そのバランスが問題だ」

★1 リスクという考えかた
廉価版の時計を販売すると、
客層が変わってしまうかも ……………… 73

★2 「期待収益率」とリターン
空港にバスで移動するのは
リスクが高い？ ………………………… 77

3 ハイ・リスク、ハイ・リターンの意味
宝くじが当たったからといって、
当てる能力があるわけではない ……… 82

4 分散投資の効果
絶対に遅刻できないのなら、
いくつもの交通手段を考えておく ……… 88

5 比較のためのベンチマーク
東京→大阪は
新幹線より早いか遅いかで比較する ……… 96

6 無リスク金利
富士山の高さは
どこから測る？ ……… 101

7 ベンチマークとβ
ダイエットの効果は
人それぞれ ……… 106

8 βとCAPM
空港にバスで行く
理由は快適さ ……… 112

第3章
資金を調達する側から見た
ファイナンスの理論
「借りられるだけ借りるのが賢いってほんと？」

1 株式と配当金
プロ・スポーツで
一番エラいのは選手ではない？ ……… 124

目次

★2 借入・社債の利息と元本償還
（当たり前だが）住宅ローンは
返済しなくてはならない ················· 132

★3 キャッシュ・フロー計算書
給料を稼いで
住宅ローンを返済する ··················· 139

★4 売掛債権と在庫
飲み会の幹事を引き受けたら、
おカネが足りなくなった！ ··············· 147

★5 買掛債務
ツケが増えると
おカネが貯まる ························· 152

★6 運転資金
在庫が売れるまで
おカネが必要なときもある ··············· 156

★7 減価償却費とフリー・キャッシュ・フロー
定期券の代金は先払い、
価値は少しずつ減っていく ··············· 161

★8 ＥＢＩＴＤＡとキャッシュ・フロー
税引前の給料で
稼ぐ力を測ってみよう ··················· 168

★9 最適なレバレッジとMM定理
住宅ローン減税を利用すると
有利なことも ··························· 173

★10 負債が多いとなにが問題なのか
住宅ローンの返済額を減らすためには
頭金を増やせばよい ····················· 179

第4章
企業評価をめぐる論点
「隣町の時計屋さんの価値はいくらか？」

★ 1 　配当還元モデル
将来受け取る金額の
合計を考える ……………………… 188

★ 2 　ＰＥＲとその意味
1か月使い放題のスポーツクラブの料金を
都心と郊外とで比較する …………… 193

★ 3 　純資産とＰＢＲ
マンションの財産としての価値は
住宅ローンの価値を控除した後で考える …… 201

★ 4 　企業価値という考えかた
賃貸と持ち家とどっちがトクかは、
家賃の何年分かで考える ……………… 205

★ 5 　キャッシュ・フローとＷＡＣＣ
投資用マンションをいくらで買えばいいか、
すぐに計算できる ……………………… 211

★ 6 　企業価値評価批判
ドラフト指名順位は
将来の活躍のバロメーターではない ……… 218

第5章
最新(っぽい)金融技術の考えかた・使いかた
「『明日？　そんな先のことはわからない！』から」

★1 デリバティブとは
ハムやソーセージは
豚肉から派生したデリバティブ ……………… 226

★2 企業経営と先物によるヘッジ
オーダー・メイドの服は、
キャンセルすることができない ……………… 230

★3 金利スワップ・為替予約
テーマパークの5年パスポートの損得は、
そう簡単には判断できない ……………… 237

★4 オプションとリアル・オプション
日本シリーズ第5戦のチケットの価値は、
それまでの勝敗によって変化する ……………… 241

★5 担保と証券化
時計屋さんの店舗にある時計を
借金のカタにすれば、
低利でおカネを借りられるかも ……………… 247

おわりに ……………………………………………………… 253

カバーデザイン　◎　デジカル（萩原弦一郎）
　　　DTP　◎　デジカル（玉造能之）
　　イラスト　◎　acota

プロローグ　ファイナンスの世界へようこそ

　私たち人間は利己的な生物で、根本的には「自分さえよければいい」と思って行動しています。
　と書くと、あまりにも人間を単純化していると思うかもしれません。しかし、「自分さえよければいい」という表現を、「自分の満足度を高めるために」と言い換えると納得できるのではないでしょうか。募金や寄附というのは一見利他的な行為ですが、私たちがそのような行為をするのは、そうすることが自分の満足度を高めるからです。旅行者に道を教える、高齢者の道路の横断を助けるのも同じことです。
　読者の中には、大学で経済学系の講義を受けて**「効用を極大化する」**という表現を聞いたことがある人がいるかもしれません。効用というのは「満足度」あるいは「気持ちよさ」であり、「極大化」というのは「制約条件の中での最大化」です。私たちは、自分が置かれた環境の中で、自分にとっての満足度・気持ちよさが一番大きくなるように行動しているのです。

$ おカネ≒満足度

　ファイナンスの世界に限ったことではありませんが、私たちが社会に出て他人と関わる局面では、おカネが絡む話が多くなります。会社に行って仕事をするのは、個人的には給料というおカネを稼ぐためですし、会社は会社で、作ったモノを売ったり、サービスを提供したりすることで、やはりおカネを稼ごうとしています。また、コンビニに行って買い物をしたり、靴を修理に出したりするとおカネを払う側になりますし、会社も備品を買ったり、他の会社から原材料や品物を買ったりするなどおカネを払っているのです。
　現代の社会では、おカネがあれば、ほぼなんでも買うことができます。「愛はおカネでは買えない」「いや、おカネで買えない愛があるだけだ」などという議論はともかく、また、少なくとも寿命だけはおカネでは買えないようですが、この「なんでも買うことができる」というおカネの

特徴ゆえに、おカネはいくらあっても困らないという特徴を持っています。なので、おカネはあればあるほど気持ちよく、満足度が高くなるわけです。

おカネにはこのような特徴があるため、私たちは、できるだけたくさんおカネを稼ごうとします。実際、私たちの生きている資本主義経済においては、できるだけたくさんのおカネを欲しいと思っている人たち同士が対峙する（顔を付き合わせる）ことが前提になって、いろいろなルールや法律が決められているのです。

$ おカネが増えるともっとうれしい

私たちの経済的な満足度は、おカネの量、つまり金額で測ることができます。受け取る金額が多ければ多いほど、支払う金額が少なければ少ないほど、満足度が大きくなるのです。

ファイナンスの世界では、私たちが日常営んでいる活動である「モノやサービス」と「おカネ」の関係から広がり、「あるとうれしい」おカネを「さらに増やす」ことを扱います。おカネはあればあるほどうれしく、満足度が高いのですから、それが増えるとなおさらうれしくなるわけです。

そのような「いまあるおカネをさらに増やす」のがファイナンスであって、それには手法もさることながら、前提となる局面もいろいろです。私たちはおカネが大好きなので、おカネを持っている人も、そのおカネをさらに増やすにはどうしたらよいかを常に考えていて、その動機がいろいろと形を変えてファイナンスの理論に登場してくるのです。

$ 本書の構成

本書では、次の第1章で、「おカネがおカネを生む元」である「金利」について簡単に説明することからスタートします。その上で、「おカネを失うかもしれない『リスク』のないところではおカネを増やすこともできない」という一連の議論を第2章で展開します。第1章と第2章だけで、ファイナンス理論のうち「投資」に関する部分については、ほぼ網羅されることになります。

その上で、投資の対象となる会社の側から見て、「投資の対象となるとはどういうことか」を検討します。「なぜおカネを調達する必要があって、そこにはどういう意味があるのか」といった点を理論的に考えてみるわけです。そして、「会社が会社を買う」といったときにはどのような理論武装ができるのかを、それまでの内容から考えてみるのが第4章です。

　第5章は少し毛色が違って、主として「デリバティブ」を扱います。デリバティブの価値の理論はそれだけで簡単に一冊の本になる分野ですが、本書では第1章から第4章のおまけとして、この程度のことは知っておこうという内容にとどめました。もちろん、さらに深く知りたい読者は専門書を当たってみるといいでしょう。

　各章のテーマを誘導するストーリーの登場人物もご紹介しておきましょう。

登場人物の紹介

若旦那　ヒロシ（34歳）

　とある私鉄沿線の街にある、個人経営の時計屋の3代目。先代のお父さんは数年前に亡くなり、今では、奥さんと2人でお店の経営に携わる。

　お亡父さんが遺してくれたお店から歩ける距離の土地に、銀行から住宅ローンを借りて、二世帯住宅を建築。お母さん、奥さんの他、小学生の息子さんと住む。

ご隠居（62歳）

　若旦那のお父さんの中学、高校の同級生。大学を卒業後は日本の大手証券会社に10年間勤務、転勤先のニューヨークで現地の投資銀行に引き抜かれ、企業買収などM＆Aの分野で活躍。

　その後、50歳を前にイギリスの投資会社に身を転じて、自ら企業投資を手掛ける。65歳になったときに金融の世界から引退し、地元に戻って、ときどき昔の仲間からの相談に応じる他は、娘夫婦と同居して孫の幼稚園の送り迎えなどをしている。

第1章
ファイナンスを理解するための基礎知識
「お金の時間的価値ってなんだ？」

ファイナンスの世界で、おそらく最も重要な概念は**「金利」**です。

私たちはおカネが大好きで、おカネを稼ぐために好きでもない仕事をしている人が世の中の大半です。そのような人にとっては、働かなくてもおカネがもらえるなんて夢のような話でしょう。

ところが、おカネを持っていれば、放っておいてもおカネが稼げるというのがファイナンスの世界ではいわば常識になっています。それが金利なのです。

金利というコンセプトがわかると、ファイナンスの技術的な話がすんなりと理解できるようになるはずです。預金というのは金利を稼ぐための手段ですし、債券という一般には馴染みのない「金融商品」も、金利を稼ぐという観点から見てしまえば預金の変形のようなものだと捉えることができます。

結局のところ、ファイナンスというのはおカネをどれだけ増やすか、あるいは、今あるおカネを使うと、さらにどれだけのおカネを稼げるのかという話に過ぎません。そのような手法のうち、私たちにとって一番身近なのは銀行預金ですが、ファイナンスのすべての話は、銀行預金との比較を小難しくしているのに過ぎないともいえるのです。

若旦那のお父さんは、長年、お母さんと一緒に街の時計屋さんとして堅実な経営を続けていて、高級腕時計の販売のほか、電池交換やバンド交換でも着実に利益を上げていました。また、腕時計だけでなく、古い置時計や柱時計などの修理も手掛けていて、こちらも、量販店にはないサービスということで遠くからもお客さんが出かけてきました。

　若旦那は、大学卒業後、いったん量販店に就職、一従業員として大量販売の現場を体験、その後、修理技術の腕を磨いて、お父さんのお店に戻ってきました。

　ところが、お父さんが病に倒れて昨年亡くなり、若旦那も商売に慣れてきたこともあって、お母さんも引退、お店は若旦那と奥さんが見ることになったのです。

お母さん「ヒロシや。最近、死んだお父さんと夫婦で蓄えてきたおカネのことを考えてるんだよ。これまでは働いて増やすことに一所懸命だったんだけど、店のほうはお前が仕切ってくれて安心だし、これからはもう少し使うことも考えなきゃねぇー」

若旦那　「そうだよ、お母さん。でも、すぐに全部使っちゃうわけじゃあないんだから、預金にしておくんだろ？」

お母さん「それはそうなんだけど、銀行に置いておいても金利が低くておもしろくないじゃないか。お前、なにか知らないかい？」

　確かに、銀行の預金金利はゼロに等しいぐらい低いらしい。若旦那の同級生の中には、ＦＸや株式投資で資産運用してるやつもいると噂に聞く。

そこで、若旦那はお亡父さんの学生時代の知り合いで、こないだまで投資会社の役員をしていたご隠居さんに相談してみることにしました。

若旦那　「ご隠居、亡父の遺してくれたおカネ、母親の名義で預金してるんですけど、預金金利が低くてなんだかつまんないみたいなんですよ。なにか名案はないですかね？」

ご隠居　「そうだねぇ、確かに、バブルの頃の金利を知っている人からすると、今の預金金利はものすごく低く見えるだろうね。でもね、ヒロシくん、預金金利を含めた金利というのは経済の動きと密接に絡んでいるから、金利が低いからといって預金が損だというわけではないんだよ」

若旦那　「へぇー、そうなんですか。でも、なんだか難しそうですね」

　若旦那には知らない世界です。

「考えてみれば、金利とかデフレとか、言葉は知っていても、意味はよくわからないなー。商売で銀行とのつきあいもあるから、基本的なことは勉強したいです。ひとつ、教えてください」

金利

1 DVDのレンタル料金と理屈は同じ

　金融の世界がとっつきにくく感じる原因は「金利」にあります。金利というのは、字を見ればわかるとおり「おカネ（金）」が生む「利益」です。ところが、後者の利益もまたおカネですから、「おカネがおカネを生む」という現象に、えもいわれぬ不可解を感じてしまうわけです。
　しかし、実際のところ、金利は難しいものではありません。いくつか約束ごとがあるのは確かですが、その約束ごとの多くは金融全般に共通するものですので、この機会にご紹介しておきましょう。

$ 金利はおカネのレンタル料

　金利をひとことでいってしまうと**おカネのレンタル料**です。
　若旦那もたまにDVDをレンタルしてきて、映画や昔のテレビドラマを楽しむことがあります。その際、借りたディスクを返却するのはもちろんですが、レンタル料も支払わなくてはいけません。
　おカネも同じです。1万円を借りたら1万円を返さなくてはいけません。そして、DVDを借りるにはレンタル料が必要なのと同じように、1万円を借りるのにもレンタル料が必要です。DVDの場合と違って、貸し借りの対象となっているのがモノではなくておカネなので、これを特別に「『金』利」と呼びますが、性質はレンタル料に違いないのです。なるほど、おカネを借りるのにレンタル料（金利）としてさらにおカネを払っているので、モノを借りる場合と少し違っていますが、理屈は同じですね。

　金利がおカネのレンタル料だと考えると、金利に高低（多い少ない）があることもわかりやすいでしょう。DVDのレンタルでは、旧作と新作とでレンタル料に差があります。その理由は、同じレンタル料であればみんなが新作を借りるからです。**みんながおカネを借りたいとなると**

金利は高くなりますし、**おカネを借りたい人があまり多くないと金利は低くなる**ということが一般的にいえるのです。

　なお、レンタルという場面では、私たちはレンタルする（借りる）側ですから、レンタル料を支払う立場でしか登場しません。しかし、レンタルの対象がおカネの場合には、たとえば預金という形で私たちが貸す側になることがあります。私たちが預金をするということは、銀行が私たちからおカネを借りているということです。

$ あり過ぎない、腐らないのがおカネ

　おカネにはＤＶＤや腕時計にはない特徴があります。その最たるものは、誰にとっても、**おカネはいくらあっても困らない**ということでしょう。

　たとえば、どれだけＡＫＢ48が好きでも、彼女たちのＤＶＤを100枚も1000枚も持っていても別にうれしくありません。ＡＫＢ48ではなく、ももいろクローバーＺのファンであったり、ＳＭＡＰやＫＡＴ－ＴＵＮのファンであっても同様です。

　しかし、おカネはどれだけあっても邪魔にならないどころか、あればあるほど持ち主はうれしくなります。おカネは、いつでも、なんにでも交換できるからです。

　また、おカネはどれだけ時間が経っても腐りません。このことも、おカネはあればあるほどうれしいという特徴につながります。

$ 金利は年率で表すのが約束ごと

　ＤＶＤのレンタル料は、たとえば1枚1泊300円といった形で表示されます。ひとつのモノを対象にして、1回あたりのレンタルの時間を決めた上で、価格でレンタル料を決めているのです。

　一方、おカネのレンタル料である金利は、レンタルの対象となる「金額」に対して、その『率』、つまり**割合で表示**することになっています。レンタルの対象となる金額のことを、普通、**元本**と呼びます。割合の単位にはパーセント（％）を用います。

　1万円をレンタルして100円がレンタル料（＝金利）なのであれば、

割合は1％です。しかし、金利ではさらに約束ごとがあって、とくに但し書きがない場合はこの割合は**1年を単位とする**ことになっているのです。別の言いかたをすれば、1年よりも短い期間のレンタル料であっても、同じペースで1年間レンタルした場合を考えて、その率を％を用いた割合で示すのです。また、1年より長い期間のレンタル料であっても、1年あたりのレンタル料として表示します。

　ですから、レンタルの対象が1万円で、レンタル料が100円であったとしても、レンタルの期間が1年であったら金利は1％（100円÷1万円÷1年×100）ですが、同じレンタル料で期間が半年であったとすると金利は2％、同じレンタル料で期間が2年の場合には金利は0・5％と表示されることになります。つまり、金利の％の後には「ただし1年あたりに換算済み」という表現が隠れているのです。

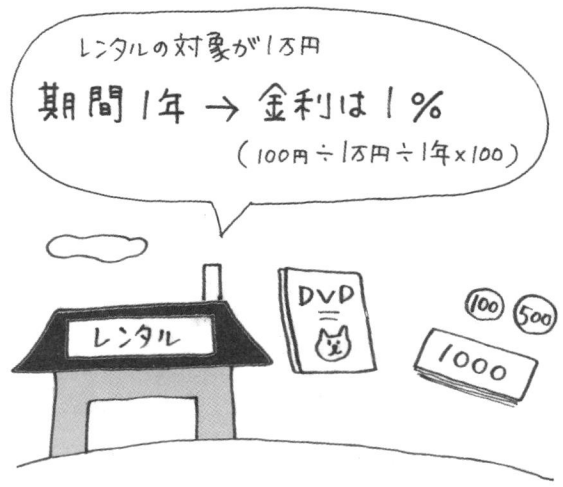

金利はおカネのレンタル料

野球に詳しい若旦那は「はっはーん、防御率や奪三振率と同じだ」と気付きました。たとえば防御率というのは「自責点×9÷投球回数」で求められますが、これは、「9イニング＝1試合」あたり、ある投手が何点自責点を与えるかを示しています。金利では「1試合あたり自責点」の代わりに「1年あたりのレンタル料」を元本に対する割合として求めようとするのです。

　ですから、元本100万円を、金利0・025％で6か月の定期預金に預け入れると、6か月後の元利合計（元利＝元本＋金利）は、まず、「1年当たり」の金額である100万円×0・025％＝250円を計算し、この半年分として250円×0・5年＝125円が税引前の利息の額（レンタル料）となります。また、利率0・03％で2年の定期預金に預け入れると、2年後の元利合計は、まず100万円×0・03％＝300円を計算し、その2年分として300円×2年＝600円が利息の額になるのです。

インフレとデフレ

2 値上がり前にパンを買おうと みんなが思うと、 パンの値段は上がってしまう

　インフレはインフレーション、デフレはデフレーションの略です。英語の、「インフレート＝膨らませる」、「デフレート＝萎ませる」という動詞に由来しています。動詞としては、車のタイヤとか、アウトドア用のエア・マットレスなどでも使う言葉です。この言葉が、金融や経済の世界では、物価に関係する場面で用いられるのです。

💲 モノの価格がどんどん上がっていくのがインフレ

　物価という漢字は「物」の「価」と書きますが、実際には、物価は「モノ」だけではなく「サービス」の価格を含みます。たとえば、「腕時計」はモノですが、「腕時計の修理」はサービスです。

　一般的に「物価」という表現を使うときは、もう少し抽象的に、**「私たちが生活していく上で支払っている金額全般」**を指すことが多いものです。

　1年前とまったく同じ生活をしているのに食料品、衣服、書籍といったモノや、学習塾や医療といったサービスの価格が下がり、生活費が減っていれば「物価が下がっている」と感じるでしょうし、逆に、生活費が増えていれば「物価が上がっている」と感じるはずです。公表されている統計でいうと、消費者物価指数がこの「同じ生活のための生活費」の考えかたで作成されています。

　インフレというのは、**物価が継続的に上昇**していく状況です。1年前と比べると、同じ生活をしているのに生活費が増えているのがインフレと考えればいいでしょう。

　では、インフレはなぜ起きるのでしょうか？

　一番簡単な説明は**「みんながインフレになると思うとインフレになる」**です。インフレはスパイラルするといってもいいでしょう。

たとえば、近所のベーカリーで、食パン1斤が200円で売っているとします。このベーカリーは個人でやっているので、価格はすべて自分の店舗で決められるとしましょう。ここで、いつもこのベーカリーで買い物をしている人たちが、ふと「来週から食パンの値段が1斤300円に値上げされる」と思ったとします。このお店のパンが好きで好きでたまらない人たちは、値上げ前にパンを買ってしまおうと思うでしょう。

ところが、お客が増えたベーカリーの側では「これだけお客が増えたということは、値上げをしても売れるだろう」と考えます。こうして、パン屋さんに値上げの意図が実際にあったか否かにかかわらず、食パンの値段は上がるのです。

将来の物価上昇が予想されると、私たちは物価が上昇する前に買い物をしようとします。ところが、そのこと自体が「買いたい人が多い」という状況を作り出します。その結果、買いたい人が多ければ、実際に物価が上がってしまうわけです。このとき、実際に上がった物価を見て「あ、やっぱり物価が上がっているから、もっと物価が上がる前に買い物をしよう」という人が登場しますが、そのような人がどんどん買い物をするためにさらに物価が上がっていきます。こうして、インフレは自己増殖してスパイラルしていくのです。

$ 物価が上がるとおカネの価値が目減りする

インフレというのは物価が継続的に上昇していくことなのですが、これを別の見かたをすると、おカネの価値が継続的に下落していく状態でもあります。**「インフレになるとおカネが目減りする」**と覚えておけばいいでしょう。

理屈は簡単です。今月の生活費が10万円だとします。年2％のインフレがあると来年の同じ月の生活費は10万2000円になります。今月

は10万円で生活できるのに、来年の同じ月は10万円で同じ生活ができないとなると、**10万円というおカネの価値は「生活」と比較して目減りしている**ことになるのです。

$ 日本ではモノの価格がどんどん下がっていた

　インフレは怖いというのは、2008年の金融危機まで世界的な常識でした。しかし、30歳未満の人（1980年代半ば以降生まれの人）にとって、インフレというコンセプトはわかっても、なぜそれを怖がるか実感できないはずです。なぜなら、日本は**1990年代の半ば以降、生活費が上昇するという意味でのインフレはなかった**からです。

　もちろん、日本に過去一度もインフレがなかったわけではありません。実際、1970（昭和45）年から1980（昭和55）年だと物価は2倍以上になっていたのです。

　しかし、1993（平成5）年以降は物価の上昇率が鈍化、2000（平成12）年には物価の下落を記録して、そこから2005（平成17）年まで、また、2009（平成21）年から2012（平成24）年にかけて、前年比でマイナスが続きました。その結果、2012年の物価は、統計上、1992（平成4）年と同水準だったのです。

　実は、インフレと同じように**デフレもスパイラルします**。時間が経てばモノの価格が下がると思っていたら、みんな、今おカネを使うことを躊躇します。ところが、みんながおカネを使わないと実際のモノの価格は下がります。それを見ると「やっぱり待っていれば値段は下がるんだ」とみんな思いますから、ますますおカネを使わなくなります。そして、またモノの価格が下がっていくのです。

　インフレがモノの価格の継続的な上昇であるのと同時に、おカネの価値の継続的な下落であることはさきほど見たとおりです。ということは、インフレの逆の現象であるデフレは、おカネの側から見ると、おカネの価値の継続的な上昇ということになります。具体的には、現金で持っていたり、銀行に預けたりしておけば、時間が経つにつれて豊かになっていくのです。

これは、若旦那のお母さんのような、収入がないか限られていて、預金を取り崩して生活している人たちにとっては悪い話ではありません。一方、デフレがスパイラルしていく過程ではモノが売れなくなりますから、若旦那の時計屋さんビジネスはあがったりです。入進学・就職といった節目の買い物を「待っていれば値段が下がるから」と思って買い控えるということはないにせよ、たとえば新製品は売れなくなってしまうのです。

　これが経済のあらゆる分野に蔓延すると、どんな商売もあがったりになってしまいますから、会社は利益を出すことができず、人を雇ったり、給料を増やすことをやめてしまいます。そうすると、社会全体で、生活必需品でないモノを買うおカネが減り、ますますモノが売れなくなり、ますます価格が下がり……というプロセスを経て、デフレのスパイラルも起きるのです。

実質金利と名目金利

3 デフレで借金は増えていく!?

　金利とインフレについては、ここまでの内容でずいぶんと整理されたのではないでしょうか。若旦那も、これまでなんとなく言葉だけは聞いていたけれど、時計屋という自分のビジネスにどう関係あるのか、あるいは、お母さんの預金をどのようにするのかについて、前よりも少しだけ理解が深まったような気がしています。

　金利というのはおカネのレンタル料で、レンタル料の分、おカネが増えることになります。銀行預金をすると、レンタル料の分、預けた金額よりも増えますし、逆に、おカネを借りると、利息を払った上で元本も返済しなくてはいけませんから、やはり、借りた金額よりもたくさんのおカネを支払わなくてはいけません。

　しかし、その増えた分が本当に得なのか損なのかは、実は、物価の動きについても考えないと正しく比べることができません。

　このような考えかたを、**「実質金利」と「名目金利」の違い**といいます。単純にいえば、**「名目金利＝実質金利＋物価上昇率」**、あるいは同じことですが**「実質金利＝名目金利－物価上昇率」**となります。

$ 名目とはうわべ、つまり、「目に見える」

　名目金利というのは目に見える金利です。たとえば、銀行に1年間の定期預金をするときに適用される金利は、名目金利です。

　実質金利は、名目金利から物価上昇率を引いたものをいいます。たとえば、名目金利が1％（定義として年率でしたね）、物価上昇率が年0・6％だとすると、「名目金利＝実質金利＋物価上昇率」または「名目金利－物価上昇率＝実質金利」の式から、実質金利は0・4％となるのです。

　実質金利の考えかたが有効なのは、たとえば銀行預金をすることによって、おカネが**実質的にどれだけ増える**のかを知りたいときです。

　100万円を利率1％で1年間預金すると、1年後の元利合計は101

万円です。一方、物価上昇率が年0・6％だとすると、今日100万円のモノ（たとえば車）は1年後に100万6000円になっているのが理屈です。このとき、100万円を1年間銀行に預けていた結果の101万円で、今日の100万円で買えるものを値上がりした結果の100万6000円で買うと、4000円のお釣りがきます。

　つまり、預金をすることによっておカネは名目的に（＝見た目で）100万円から101万円になったが、物価が年0・6％上昇したため今日買えばお釣りがもらえない100万円のモノを1年後に買うと4000円お釣りがもらえるようになるということから、実質的にもおカネが増えたことになるのです（**図1-1**）。

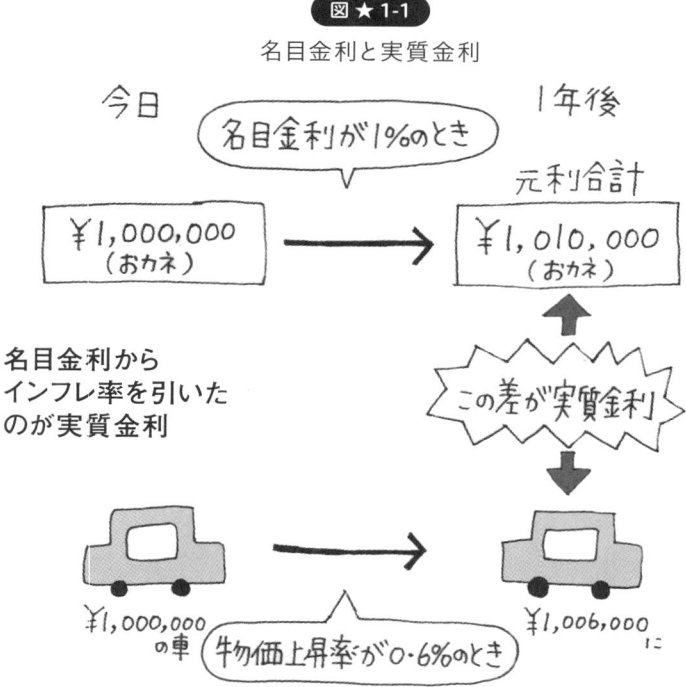

図★1-1
名目金利と実質金利

　これは、実質金利がプラスという状況でした。では、同じ例で、預金

金利は1％で変わらない一方、物価上昇率が年1・3％だったらどうなるでしょう？

この場合も、今日の100万円が1年後に名目的に増えて101万円になることは同じです。しかし、今日100万円で買えるものが1年後には101万3000円になっています。ということは、**今日買えるものが、1年後には買えなくなる**ということです。預金する前に買えたモノが買えなくなっているのですから、おカネは実質的には減っています。このような状態は、実質金利がマイナスだったと考えるのです。

うわべだけ優しくされても、心がこもってなきゃ
──名目金利のワナ

名目という言葉は、悪くいうと「実態が伴わず表面だけ取りつくろった」「うわべだけ」ということですから、大切なことを決めるには、名目だけではマズそうだというのはわかるでしょう。うわべだけ優しい人は、その裏側あるいは内面的にはなにかを隠しているわけで、そのような人を相手にするときには、「実質」を見極めるように気をつけなくてはいけないわけです。

これは、金利についても同じです。目に見える金利は名目金利だけであっても、なにか**大切なことを決めるには、実質金利についても目を配らなくてはならない**のです。

たとえば、銀行預金金利が1％のときと2％のときとで、どちらが預金者にとって有利でしょうか？　この質問に答えるためには、実質金利を考えなくてはいけません。

銀行預金金利が2％だったとき、物価上昇率が年率で3％だったとしたら実質金利はマイナス1％です。100万円預金すると1年後に元利合計は102万円になったはずですが、100万円だったモノが1年後には103万円になっていたはずですから、預金をすることでおカネは目減りしたわけです。

一方、銀行預金金利が1％のときには物価が横這い（上昇率ゼロ）だったとすると、実質金利は1％です。100万円預金すると1年後の元利合計は101万円にしかなりませんが、100万円だったモノは1年経っ

ても100万円ですから、おカネの価値は増えているのです。

さきほど見たとおり、日本は物価が上昇するどころか横這いもしくは下落という時期がありました。毎年毎年、必要な生活費が減っていくという状況だったのです。一方、預金金利はどれだけ低くてもマイナスにはなりませんでした。ということは、預金をしておけば、「**おカネの価値が実質的にはどんどん増える**」という状況にあったのです。

$ 借金が勝手に減っていく！ インフレの効果

しかし、実質金利がプラスなのはいいことばかりではありません。というのも、実質金利はおカネを預ける人にとってだけでなく、おカネを借りる人にとっても重要だからです。

上と同じ例で、名目金利が1％、物価上昇率がゼロのとき、実質金利は1％です。100万円を借りたら、1年後には元利合計で101万円を返済しなければなりません。一方、物価上昇率がゼロだと、100万円で売れたモノは、1年経ってもやはり100万円でしか売れませんから、それだけでは101万円の借金を返済できません。

こう考えれば、みなさんもわかるでしょう。デフレになると、会社の見た目の売上も減ることになりますから、残業が少なくなるなどして働く人の見た目の収入も減ってしまいます。しかし、見た目の収入が減ったからといっても借金の額は減りません。なので、実質的（＝心理的）には、借金が増えたように感じることになるのです。

しかし、名目金利が2％でも、物価上昇率が3％だったら、実質的な返済は目減りします。100万円借りると1年後には102万円返済しなくてはいけませんが、100万円で売れていたものが103万円で売れますから、それで借金が返済でき、しかもおカネが余るのです。

これは、インフレが「モノの価値の継続的な上昇」であるのと同時に「おカネの価値の継続的な下落」であることを思い出せば、ほっほーと思うのではないでしょうか。簡単にいえば、おカネの価値が下がるのであれば、預金も借金も目減りしますから、**借金をするのが有利**なのです。

反対にデフレが預金者にとって有利で、借金をする人にとって不利な

のも同じ理由です。デフレはおカネの価値の継続的な上昇でもあるわけですから、おカネを借りている人にとっては**「借金が実質的にどんどん増えていく」**ことになったのです。

インフレとデフレ

物価上昇率3％だったら…

100万円 → 103万円
「100万円のモノが103万円で売れる」
借金が返済できおカネも余る

「借金が減ったように感じる」

名目金利2％
100万円 借りる → 102万円 返済

インフレは借金が減り、デフレは借金が増える効果

💲 モノの価格の上がりかたを予測して金利を考える

　金利が高いとか低いというのは、物価の上昇率を加味した「実質」で考えないと正確な判断ができません。ただ、名目金利は「現在から将来に」向かう金利ですが、同じような「現在から将来に」向かう物価上昇率を事前に知ることは（当たり前ですが）できません。

　しかし、さきほど見たとおり、物価上昇率を勘案しないで金利の高低を判断することはできません。なので、私たちにできるのは、**物価の上**

昇率を「**予想**」した上で、その予想に基づいて、実質金利も予想するということなのです。

別の言いかたをすると、過去の実質金利は、名目金利はもちろんのこと、物価上昇率もわかっていますから簡単に計算できます。しかし、今後どうするのかを考えるときに必要な将来の物価上昇率は誰にもわからないので、想像（＝予想）するしかないのです。

ここで「名目金利＝実質金利＋物価上昇率」という式の「物価上昇率」を「物価の予想上昇率」とすれば意味がわかりやすくなるでしょう。

名目金利が同じでも、物価の予想上昇率が上がれば実質金利が下がります。実質金利が下がると、おカネを借りる人にとって有利になりますから、会社がおカネを借りて工場を建設したり、あるいは、個人が住宅ローンを借りて家を建てたりしようとして、世の中におカネが回るようになるはずです。

また、実質金利が変わらないで物価の予想上昇率だけが上がると、名目金利は上昇します。将来の物価上昇率を事前に知ることはできないのですが、インフレもデフレも連鎖的にスパイラルしやすいことはさきほど見たとおりで、ということは、過去にインフレが激しいと物価の「予想」上昇率も高くなります。

日本でもかつては名目金利が7％や8％という時代がありました。また、ほとんど国では日本よりも名目金利が高くなっていますが、そのひとつの理由は、過去の実績として日本の物価上昇率が低かったからなのです。

$ インフレへの備え?
大手不動産会社の決算書を見てみる

インフレが予想される一方で名目金利が上がっていないときには、実質金利が下がります。

実質金利が下がると、企業は借入をしやすくなります。2012年末に自民党が政権に復帰、日本銀行が物価上昇率の目標（2％）を掲げてデフレからの脱却を標榜したことで、実際の物価は上昇していなくても、

日本の物価の予想上昇率は高まったはずでした。

　では、実際にそのような企業行動が見られたのかどうかを、日本を代表する不動産会社の中から**三菱地所**と**三井不動産**を取り上げて見てみましょう。

　2013年3月期の連結（決算）を見ると、両社とも、借金を大きく増やしていることがわかります。具体的には三菱地所は社債（53ページ参照）を5600億円から6897億円へ、長期借入金を8456億円から1兆582億円へと、それぞれ増やしていますし、三井不動産は社債を3000億円から3401億円へ、長期借入金を1兆1465億円から1兆5137億円へと増やしています（**図1-2、図1-3**、34～35ページ）。

　借りたおカネはなにに使われたのかというと、両社とも在庫にあたる土地等、また、賃貸用の不動産の取得に回っています。借りたおカネで仕入れた不動産が、販売までに価格が上昇する（＝物価が上昇する）ことが予想されれば、名目金利が同じでも、その分、予想される実質金利は下がります。また、賃貸用に取得した不動産も、保有している間に価格が上昇すれば、名目金利が同じでもやはり予想される実質金利は下がることになるのです。

　名目金利と実質金利の差はとても大切なのですが、実質金利は過去の分はともかく、将来の分については目に見えません。なので、**世の中で「金利」といったときには、名目金利のことを指す**ことがほとんどです。本書でも、これ以降、特別に断らない限りは「金利」はすべて「名目金利」のこととします。

第 1 章　｜　ファイナンスを理解するための基礎知識

図 ★ 1-2

三菱地所の決算書（負債の部）

単位：百万円

<table>
<thead>
<tr><th colspan="2"></th><th>前連結会計年度
（2012年3月31日）</th><th>当連結会計年度
（2013年3月31日）</th></tr>
</thead>
<tbody>
<tr><td rowspan="10">負債の部</td><td>支払手形及び営業未払金</td><td>77,860</td><td>53,044</td></tr>
<tr><td>短期借入金</td><td>79,002</td><td>68,291</td></tr>
<tr><td>1年内返済予定の長期借入金</td><td>147,695</td><td>166,445</td></tr>
<tr><td>コマーシャル・ペーパー</td><td>−</td><td>35,000</td></tr>
<tr><td>1年内償還予定の社債</td><td>76,235</td><td>57,567</td></tr>
<tr><td>未払法人税等</td><td>15,455</td><td>8,935</td></tr>
<tr><td>債務保証損失引当金</td><td>−</td><td>7,030</td></tr>
<tr><td>繰延税金負債</td><td>−</td><td>879</td></tr>
<tr><td>その他</td><td>162,804</td><td>142,249</td></tr>
<tr><td>流動負債合計</td><td>559,053</td><td>539,444</td></tr>
<tr><td rowspan="10">固定負債</td><td>社債</td><td>560,000</td><td>689,664</td></tr>
<tr><td>長期借入金</td><td>845,635</td><td>1,058,240</td></tr>
<tr><td>受入敷金保証金</td><td>373,189</td><td>378,876</td></tr>
<tr><td>繰延税金負債</td><td>181,398</td><td>194,827</td></tr>
<tr><td>再評価に係る繰延税金負債</td><td>321,230</td><td>321,972</td></tr>
<tr><td>退職給付引当金</td><td>15,420</td><td>16,671</td></tr>
<tr><td>役員退職慰労引当金</td><td>712</td><td>743</td></tr>
<tr><td>負ののれん</td><td>82,995</td><td>88,143</td></tr>
<tr><td>その他</td><td>73,463</td><td>56,925</td></tr>
<tr><td>固定負債合計</td><td>2,454,046</td><td>2,806,065</td></tr>
<tr><td colspan="2">負債合計</td><td>3,013,100</td><td>3,345,509</td></tr>
</tbody>
</table>

（同社発表資料より作成）

三菱地所の決算書（資産の部）

単位：百万円

<table>
<thead>
<tr><th colspan="3"></th><th>前連結会計年度
（2012年3月31日）</th><th>当連結会計年度
（2013年3月31日）</th></tr>
</thead>
<tbody>
<tr><td rowspan="21">資産の部</td><td rowspan="12">流動資産</td><td>現金及び預金</td><td>215,741</td><td>192,076</td></tr>
<tr><td>受取手形及び営業未収入金</td><td>41,927</td><td>29,925</td></tr>
<tr><td>有価証券</td><td>866</td><td>612</td></tr>
<tr><td>販売用不動産</td><td>120,573</td><td>152,354</td></tr>
<tr><td>仕掛販売用不動産</td><td>328,127</td><td>343,621</td></tr>
<tr><td>開発用不動産</td><td>8,632</td><td>8,615</td></tr>
<tr><td>未成工事支出金</td><td>7,208</td><td>5,509</td></tr>
<tr><td>その他のたな卸資産</td><td>859</td><td>935</td></tr>
<tr><td>エクイティ出資</td><td>288,548</td><td>208,523</td></tr>
<tr><td>繰延税金資産</td><td>15,148</td><td>21,064</td></tr>
<tr><td>その他</td><td>58,199</td><td>63,736</td></tr>
<tr><td>貸倒引当金</td><td>△2,130</td><td>△201</td></tr>
<tr><td colspan="2">流動資産合計</td><td>1,083,704</td><td>1,026,773</td></tr>
<tr><td rowspan="8">有形固定資産</td><td>建物及び構築物</td><td>1,969,910</td><td>2,063,217</td></tr>
<tr><td>減価償却累計額及び減損失累計額</td><td>△1,144,307</td><td>△1,177,223</td></tr>
<tr><td>建物及び構築物（純額）</td><td>825,602</td><td>885,994</td></tr>
<tr><td>機械装置及び運搬具</td><td>82,046</td><td>89,095</td></tr>
<tr><td>減価償却累計額及び減損失累計額</td><td>△61,400</td><td>△64,361</td></tr>
<tr><td>機械装置及び運搬具（純額）</td><td>20,646</td><td>24,733</td></tr>
<tr><td>土地</td><td>1,672,379</td><td>1,883,246</td></tr>
<tr><td>信託土地</td><td>308,932</td><td>377,854</td></tr>
</tbody>
</table>

（同社発表資料より作成）

「お金の時間的価値ってなんだ？」

図 ★ 1-3

三井不動産の決算書（負債の部）

単位：百万円

		前連結会計年度 （2012年3月31日）	当連結会計年度 （2013年3月31日）
負債の部	流動負債		
	支払手形及び買掛金	101,321	100,705
	短期借入金	254,839	197,652
	ノンリコース短期借入金	82	1,646
	コマーシャル・ペーパー	37,000	27,000
	１年内償還予定の社債	5,000	40,000
	ノンリコース１年内償還予定の社債	—	133
	未払法人税等	11,650	26,699
	未成工事受入金	12,996	15,755
	繰延税金負債	396	354
	完成工事補償引当金	1,351	1,196
	債務保証損失引当金	180	110
	災害損失引当金	1,692	254
	その他	265,797	240,614
	流動負債合計	692,309	652,122
固定負債	社債＊	300,000	340,095
	長期借入金	1,146,488	1,513,697
	受入敷金保証金	353,837	344,923
	繰延税金負債	32,470	67,683
	再評価に係る繰延税金負債	168,130	166,957
	退職給付引当金	33,001	34,323
	役員退職慰労引当金	957	999
	その他	40,808	36,190
	固定負債合計	2,075,694	2,504,871
	負債合計	2,768,004	3,156,993

＊この社債にはノンリコース（返済義務を負わない法律・会計技術）の金額を含んでいます。

（同社発表資料より作成）

三井不動産の決算書（資産の部）

単位：百万円

		前連結会計年度 （2012年3月31日）	当連結会計年度 （2013年3月31日）
資産の部	流動資産		
	現金及び預金	62,274	102,234
	受取手形及び売掛金	26,538	29,266
	有価証券	14	24
	販売用不動産	241,138	450,504
	仕掛販売用不動産	241,580	239,300
	開発用土地	150,333	214,206
	未成工事支出金	9,235	11,601
	その他のたな卸資産	8,667	9,096
	前渡金	9,756	11,211
	短期貸付金	9,620	11,278
	営業出資金	57,568	10,966
	繰延税金資産	34,544	23,917
	その他	91,335	90,046
	貸倒引当金	△878	△800
	流動資産合計	941,729	1,202,853
有形固定資産	建物及び構築物	1,098,664	1,171,257
	減価償却累計額	△514,848	△537,412
	建物及び構築物（純額）	583,815	633,845
	機械装置及び運搬具	27,885	30,828
	減価償却累計額	△19,217	△20,759
	機械装置及び運搬具（純額）	8,667	10,069
	土地	1,614,433	1,753,208

（同社発表資料より作成）

おカネの現在価値
★4 ゼロ金利のローンは必ず借りるべき

　ファイナンスの世界では「現在価値」という考えかたが、表立って、あるいは裏側にこっそり隠れて、頻繁に登場します。コンセプトは難しくないのですが、業界にありがちで言葉づかいが若干特殊なので、そのあたりに惑わされないように進めていきましょう。

　現在価値というのは、**現在でない「おカネ」の価値を、現在の価値に直すといくらになるのか**というものです。たとえば、5年後に元利合計が1万円となる「現在」の金額は当然5万円より少ないですから、5年後の1万円の現在価値は1万円よりも少ない一方、今日の1万円の現在の金額は1万円です。なので、両者の現在価値を比較すれば今日の1万円のほうが大きく、5年後に1万円をもらうのと、今日1万円をもらうのとでは、**今日の1万円のほうがうれしいはず**なのです。

$ 銀行に預ければおカネは増える

　現在価値を理解するには、**銀行に預ければおカネが増える**ということを知っておけば十分です。ここで大切なのは「ほぼ確実に」という条件付きでおカネが増えるということです。

　また、利息計算のための金利も大切です。

　金利は、期間ごとに決められています。銀行の定期預金でも、1か月、2か月、…1年、…5年、…10年程度まで、それぞれ適用される金利が決まっています。ですから、私たちは、手元にあるおカネを預金しようとするとき、期間が決まっていれば、満期に元利合計がいくらになるかを事前に知ることができるのです。

　今の2つのことを組み合わせると、**期間と金額が決まっていれば、将来、そのおカネがいくらになるのかは、ほぼ確実に知ることができます**。たとえば、元本が100万円あって、5年間の定期預金金利が年1%だとすると、5年後の元利合計はほぼ間違いなく（＝銀行が破綻しなけ

れば）105万円となります。利息が100万円×1％／年×5年＝5万円だからです。

　銀行におカネを預けると、将来の元利合計がほぼ確定するため、今の例であれば、「今」の100万円と「5年後の」105万円とは、価値が同じと考えます。今100万円もらったとしても、5年間使い道がなければ預金しておくことになり、5年後には105万円になっていますから、5年後に105万円もらったとしても、もらうほうにとっては同じなのです。

5年後の100万円をどうやって作る？

　今の説明で、現在の100万円が5年後にほぼ確実にいくらになるのかを計算するのはとても簡単なことがわかるでしょう。
　ここでは、その逆をやってみましょう。たとえば「5年後に（105万円ではなくて）100万円が必要です。今、5年の定期預金の金利は1％です。現時点でいくらの預金をすれば5年後に100万円になるでしょうか」という問いに答えることです（**図1-4**）。

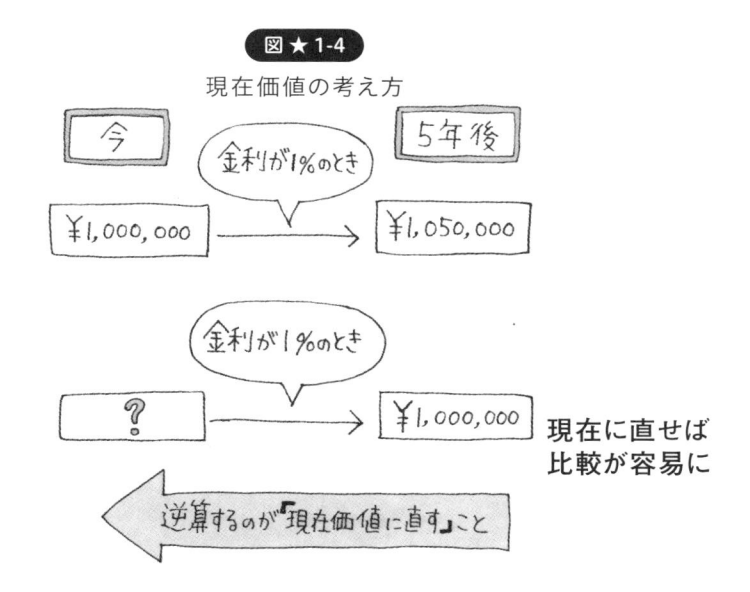

図★1-4
現在価値の考え方

今　金利が1％のとき　5年後
¥1,000,000　→　¥1,050,000

金利が1％のとき
？　→　¥1,000,000　　現在に直せば比較が容易に

←　逆算するのが「現在価値に直す」こと

このような質問なら、みなさんもわりと考えやすいでしょう。元本と利息との合計が100万円になり、かつ、利息があるのであれば、必要な元本額は当然100万円を下回ります。

具体的には、□＋□×1％／年×5年＝100万円となる□に入る数字を求めればよく、95万2381円が答です。95万2381円という元本があれば、5年間の利息は95万2381円×1％／年×5年＝4万7619円で、元本と合計すれば100万円になります。

このように、期間と、その期間に対応する金利がわかれば、将来のどのような金額であっても、**「将来その金額になるように、今、預金をするといくら必要なのか」**を計算することができます。将来の金額がまずあって、その金額にするために必要な預金の元本を計算することを**「現在価値に直す」**といい、**金利と期間がわかっていれば、将来のどんな金額も現在価値に直すことができる**のです。

なお、将来の金額は1回に限定されません。たとえば、1年の金利が1％、2年の金利が2％のときに、1年後に100万円、2年後に200万円を受け取るという場合の現在価値を求めるには、それぞれについて同じ考えかたをすればいいのです。

$ 未来の価値は予測できないから、「今が大事」

現在価値の背景にある考えかたと、その計算方法はここまでの説明のとおりです。では、なぜファイナンスの世界の人たちは現在価値にこだわるのでしょうか？　その答は、**比較が容易**だからです。

現在の1万円と5年後の1万円とでは、前者のほうが価値が高いことは明らかです。しかし、「3年後の1万1000円」と「5年後の1万2000円」とでは、どちらが価値が高いのかはすぐにはわかりません。

ここで、3年後の1万1000円の「現在」価値と、5年後の1万2000円の「現在」価値は、3年の金利と5年の金利とがわかれば簡単に計算できます。仮に、3年の金利が3％、5年の金利が5％のときに、現在価値の計算をすると、3年後の1万1000円は1万92円、5年後

の1万2000円は9600円となり、3年後の1万1000円のほうが現在価値は高くなります。

　ですから、たとえば、将来の支払いが確実なお客さんに腕時計を売ったときに、そのお客さんから「3年後に1万1000円払うのと、5年後に1万2000円払うのと、どちらかを選んでいいよ」といわれたら、今述べた金利情勢であれば、若旦那は前者を選ぶべきなのです。
　あるいは次のような例でもいいでしょう。50万円の腕時計を販売するときに、(a.)現金で50万円受け取る、(b.)1年後と2年後に26万円ずつ2回の分割払いで受け取る、(c.)1年後から5年後まで毎年11万円ずつ5回の分割払いで受け取る、の3つの中で、支払いが確実だとすると、どれが一番若旦那にとって有利でしょうか？

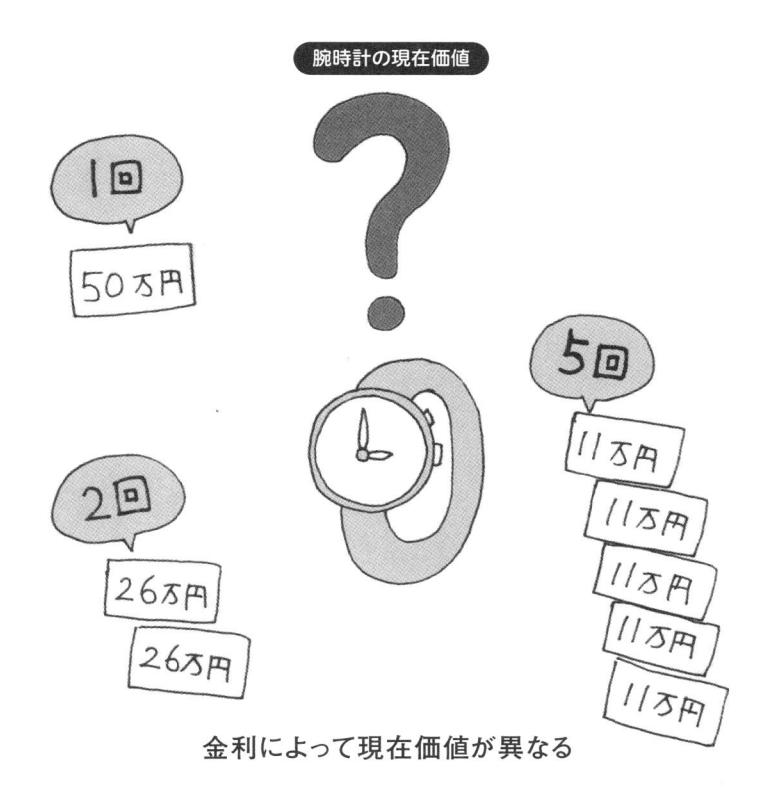

腕時計の現在価値

1回　50万円

2回　26万円　26万円

5回　11万円　11万円　11万円　11万円　11万円

金利によって現在価値が異なる

この場合も、現在価値を計算すれば答は簡単に出てきます。仮に、金利が期間にかかわらず5％だとすると、2回の分割払い（b.）では現在価値は48万3983円、5回の分割払い（c.）では現在価値は48万81円となって、現金で受け取るのが一番有利です。
　また、金利が期間にかかわらず1％だとすると、2回の分割払い（b.）の現在価値は51万2328円、5回の分割払い（c.）の現在価値は53万4081円となって、今度は5回の分割払いが一番有利になるのです。
　将来の受け取りや支払いの金額がわかっているときに、その有利・不利を判断するための技術としての現在価値の計算は、ファイナンスのいろいろな考えかたの基本となっています。
　たとえば、この章の(6)（45ページ）で触れる「債券」の価格は、債券を保有することによって受け取る将来の元本・利息の現在価値の合計です。また、企業の価値も、その企業が将来生み出すおカネを予想して、それを現在価値に直すというのが現在主流となっている考えかたなのです。
　みなさんの生活の中では、なにかを買うときに、自分の貯金を取り崩して支払うか、分割払いにするかのどちらが有利かを比較するときに、現在価値の考えかたを応用することができます。
　たとえば、200万円の車を買うのに、勤務先の関係などで「ゼロ金利」で自動車ローンが借りられるのであれば、これはおカネを借りて購入すべきなのがファイナンスの理屈です。なぜなら、現金で払うとその現在価値は200万円ですが、仮に10万円の20か月払いだとすると、そのときの銀行預金金利が0・1％だとしても現在価値は199万8251円です。手続費用等がないのであれば、ゼロ金利の分割払いにすることで、現在価値換算で1800円近くのおカネが節約できることになるのです。

単利と複利

⭐5 友だちに友だちを紹介してもらうと、友だちの数は「加速度的」に増える

　私たちが銀行でスーパー定期預金をつくると、その期間が3年以上の場合には、単利型と複利型のいずれかを選ぶことができます。両者の差は単純で、単利というのは利息が元本に組み入れられないもの、複利というのは利払いのたびに利息が元本に組み入れられるものです。

　ファイナンスの世界で現在価値を重視する人が多いのは、すでにご説明したとおりですが、現在価値の計算を厳密にするためには複利のほうが適切だとされています。実際のところは、複利計算をしなくても、おおまかなざっくりとしたところはわかる、つまり、単利計算で十分なことも多いのですが、ここでは両者の違いと、なぜそのような違いが出てくるのかについて説明することとしましょう。

$ 収穫物を全部食べてしまうのが「単利」

　単利の考えかたの基になっているのは**「増えた分は、増えたときに取りきる（使いきる）」**というものです。タマゴをすべて食べてしまったら、ニワトリの数は増えないのと同じです。

　単利での預金は、満期になるまで利息計算のための元本の額は一定です。100万円を、利率1％、期間5年で預金すると、利息の額は100万円×1％／年×5年＝5万円となりますが、これを1年ごとに見てみると、最初の1年分の利息が1万円、次の1年分の利息が1万円、…、最後の1年分の利息が1万円、と考えて、その合計が5万円だというのです。

　この考えかたは、元本を残しておいて、利息をお小遣いにするといったような場合に適しています。今の例であれば、5年間、毎年1万円のお小遣いを受け取る一方で、元本は変わらないというものです。

　なお、単利の考えかたの場合、利息が付く頻度は重要ではありません。今の例であれば、毎年1万円（＝100万円×1％／年×1年）を受け

取るのではなく、半年ごとに5000円、あるいは、四半期ごとに2500円を受け取ることにしたところで、元本が変わらずに、利息を受け取って使いきっている限り、利息の総額は同じなのです。

💲 収穫物をさらに育てて増やしていくのが「複利」

複利の考えかたの基になっているのは、**「増えた分を使い切らずに、さらに増やす」**というものです。取れたタマゴからヒヨコをかえせば、タマゴを産むニワトリ自体が増えていくと考えればいいでしょう。

複利での預金は、利息の計算の度に、その利息を元本に組み入れていきます。つまり、利息計算のための**元本の額はどんどん増えていきます**。

さきほど同様、100万円を、利率1％、期間5年の定期預金で、利息の計算を1年に1回とする複利計算というものを考えてみましょう。ここでは、当初の元本の100万円に対して1年後には1万円（＝100万円×1％／年×1年）の利息が付きます。複利計算では、この段階でこの1万円を元本に組み入れて101万円に対して利息を計算し、さらに1年後（当初から2年後）には1万100円の利息が付きます。これもこの時点で元本に組み入れられ、合計の102万100円に対して利息を計算……、というプロセスを繰り返し、最終的な元利合計は105万1011円になるのです。

この考えかたは、満期まで利息を受け取らない場合に適しています。すぐに使い道のないおカネだから5年間の預金をするはずですが、であれば、利息についても受け取る必要がないと考えて、利息を元本に組み込んでさらに利息を稼ぐ、つまり、利息の利息である「孫利息」を得られるほうがトクなのです。

なお、複利の考えかたの場合、利息が付く頻度は重要になります。今の例で、利息の計算、つまり利息を元本に組み入れる頻度が半年に1回だとすると、当初の元本の100万円は半年後には5000円（＝100万円×1％／年×0・5年）の利息が付き元本に組み入れられ、さらに半年後（当初から1年後）には100万5000円に対して利息を計算して5025円の利息が元本に組み入れられ……、というプロセスを繰り返

し、最終的な元利合計は105万1140円になります。

たとえば、みなさんの生活の中で、なんとなく**「加速度的」**というものがあれば、それは複利的な増えかたというように考えればいいでしょう。

合コンに行って相手が5人いたとき、その1人1人にそれぞれ4人連れてきてもらって合コンを開く、とすれば、友だちが倍々どころか加速度的に増えていきます。これは「複利的」です。そうではなく、毎回毎回新たな出会いを求めて、まったく会ったことのない人たちと合コンをやろうとすると、1回あたり5人ずつしか友だちは増えません。こちらは「単利的」、というわけです。

合コンで知り合いが加速度的に増える

複利のほうが増えかたが速い

$ 単利だけでも生きていける

複利計算をする預金では、利率が同じであれば、利息計算・元本組入の頻度が高い(多い)ほうが預金者にとって有利になります。これは「現在価値」の考えかたを覚えていれば当然で、同じ金額であれば早く受け取るほうが、受け取った金額を再度預金することで利息を稼ぐことがで

きるために有利なのです。そのようなこともあって、ファイナンスの世界では複利の大切さが強調される傾向が見られます。

ところが、複利の計算は煩雑で面倒なので、敬遠したくなる人が多いという難点があります。たとえば、1％の1年複利、期間5年の預金の5年後の元利合計というのは、「1＋1％」、つまり1・01を5回掛け算する、すなわち「5乗」すればいいのですが、べき乗が出てきた瞬間に計算する意欲を失う人は少なくないはずです。

これが半年複利だと「1＋1％／年×0・5年」の「10乗」（5年間に半年が10回あるから）になるなど、計算は一層複雑になります。

しかし、実際のところ、金融業界の先端の業務に従事している人でない限り、**単利と複利の差は重要ではありません。**

さきほどの「元本100万円、金利1％、期間5年」という例で考えると、単利であれば5年後の元利合計は105万円、以下、1年複利105万1011円、半年複利105万1140円、四半期複利105万1206円となりますから、確かに元本額が100億円、1000億円という規模になれば大きな差となりますが、一方、ファイナンスのことをざっくりとわかっていればいいというレベルであれば、この程度の差は誤差に過ぎません。

ですから、たとえば現在価値というコンセプトがわかっていれば、実際の計算を単利でするか、複利でするかというのは大きな問題ではないのです。

預金と債券

★6 商品券を金券ショップに売ると、損してしまうこともある

　金融にあまり関心がない、要するに普通の人であれば、預金というのはおカネを預けておく手段だという意識が強いでしょう。また、証券に投資をするとなると、株式や投資信託であればすぐに思いつくかもしれませんが、「債券」となると、それがどんなものだかピンとくる人は少ないはずです。

　債券というのは、簡単にいえば借用証書で、おカネを借りた人が、期日に元本と利息を支払うことを約束しているものです。おカネを貸した側から見ると、定期的に利息を受け取ることができ、また、決まった日に元本が戻ってくるはずになっているという意味では、預金と似ています。

　ファイナンスの世界では、債券というのは非常に重要なものです。株と違って価格が倍になるようなことは期待できない一方で、価格が半分になる危険もあまり大きくないため、プロの投資家が大きな金額を債券に投じているからです。

　ここでは、似ているところもあれば、大きく違っているところもある、預金と債券とを比較してみることで理解を深めていきましょう。

$ 銀行引き落としって、考えてみると不思議

　銀行預金には、重要な役割が2つあります。ひとつは、**預金者のおカネを増やす機能**です。預金をすれば、ごくわずかとはいえ利息を稼ぐことができますから、その利息を目的に預金をするというのがこの機能にあたります。

　もうひとつは、**現金の代わりとしての機能**です。

　バイトであれ、社会人になって月給の形でもらう場合であれ、給料を現金で受け取るというケースは最近は稀になっているはずです。給料をもらう側の人がそれに文句をいわないのは、預金の残高が増えることと

現金をもらうことが同じ意味だとわかっているからです。このように、預金は現金の代わりとして機能しているのです。

　預金が現金の代わりだというのは、おカネを支払うときにも見られます。クレジット・カードの利用代金をカード会社の窓口に現金で持っていくことや、公共料金を電力会社やガス会社の窓口に直接持っていくことも可能ですが、多くの人は、これらの支払いは銀行口座からの自動引き落としにしているはずです。
　ちなみに、コンビニや銀行で公共料金を現金で支払っても、コンビニや銀行はその現金を直接電力・ガス会社に持っていくわけではありません。コンビニであれば、コンビニが受け取った現金と同じ金額をコンビニの銀行口座から減らして電力・ガス会社の預金残高を増やすように銀行に依頼します。また、銀行の窓口に現金で持参された公共料金であれば、銀行が受け取った現金と同じ金額だけを、電力・ガス会社の預金残高の増加とするのです。

　若旦那が扱っている腕時計でも、最近はお客さんの現金の支払いが減って、クレジット・カードの利用が増えています。クレジット・カードでの買い物は、ある程度のタイムラグを経て、カード会社の手数料を引いて加盟店（ここでは若旦那の時計屋さん）に払われますが、当然のことながらそれも現金ではなく、預金口座の残高が増えるだけです。逆に、腕時計を仕入れるときの代金は銀行から送金しますが、それは、時計屋さんの口座の残高を減らして、相手方の口座の残高が増えることになるのです。

定期預金を満期前に解約すると

　銀行が預かっている預金は、現金の代わりとしての意味を持っていて、振込や自動引き落としを通じて、いろいろな人のおカネの受け取りや支払いのインフラになっています。このような理由があるため、銀行預金は原則として**元本保証**となっています。ごく一部の特殊な預金を除くと、普通預金であっても、定期預金であっても、銀行が破綻しない限り預金

者が預金した元本を下回ることがないのです。

　たとえば、5年の定期預金金利が1％だとしましょう。単利型であれば、100万円を5年間預ければ満期に105万円（税引前）を受け取ることができるという預金です。この預金は、定期預金だからといって5年間おろせないのかというと、実はそうではありません。一般的に、定期預金はいつ解約しても、当初預けた元本は必ず戻ってくるのです。

　ただし、利息については当初の1％で計算されるわけではありません。提示されていた1％というのは、あくまでも5年間預けた場合に適用される金利です。通常は、定期預金を満期前に解約すると、預け入れのときに遡って、預けていた期間に対応する定期預金金利に一定の割合をかけて利息を計算し直して、その分の利息だけが付くことになります。

$ おカネを借りた証文が転々とするのが債券

　同じように、期間5年で利率が1％という債券を考えてみましょう。普通の債券は半年ごとに利息を支払うことになっているため、たとえば100万円分の債券を購入すると、半年ごとに100万円×1％／年×0・5年＝5000円の利息を得ることができます。債券の発行者がツブれない限り、利息をもらい続けることができますし、満期には元本が返済されます。なお、債券の元本返済のことは一般的に**「償還」**といいます。このように、債券と銀行預金には似ている点があるのです。

　ところで、この債券を購入して1年経つと、債券の満期まであと4年となります。このとき、同じ発行者が新しく債券を発行して、その利率が2％になっていたとしましょう。この新しい債券を100万円分買うと、半年ごとに受け取ることのできる利息は100万円×2％／年×0・5年＝1万円です。

　そうなると、さきほどの利率1％の債券を持っている人はおもしろくありません。自分の持っている債券は100万円あたり1回5000円の利息しかもらえないのに、新しい債券は100万円あたり1回1万円の利息をもらえるからです。ここで、預金のように債券も解約できるのであれば、解約したいところです。解約して100万円を受け取り、その100万円で新しい債券を買えば、今後4年間で合計8万円の利息を受

け取ることができます。これは、古い債券の5年間の利息合計5万円よりもずっと有利です。

しかし、そもそも債券には「解約」というものがありません。債券は借用証書だといいましたが、借用証書と呼ばずにわざわざ「債券」と呼ぶのは、債券は売買を容易にするための仕組みだからです。預金であれば、預金をしている預金者は現金が必要になったら預金を解約すればいいですが、**債券を持っている人は、現金が必要になったら債券を売却するしかない**のです。

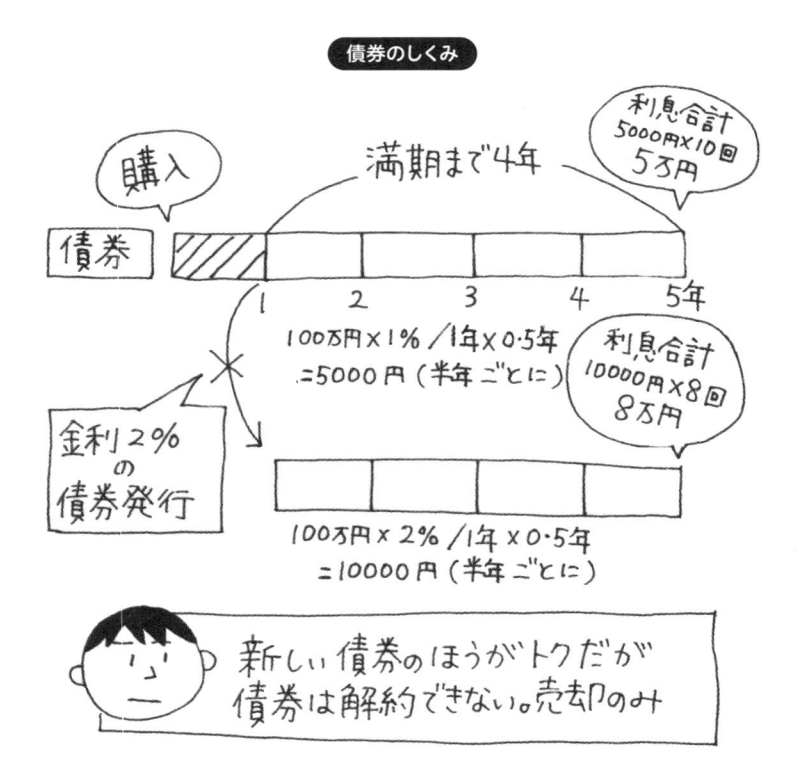

債券のしくみ

購入　満期まで4年　利息合計 5000円×10回 5万円

債券

1　2　3　4　5年

100万円×1%／1年×0.5年
＝5000円（半年ごとに）

利息合計 10000円×8回 8万円

金利2%の債券発行

100万円×2%／1年×0.5年
＝10000円（半年ごとに）

新しい債券のほうがトクだが債券は解約できない。売却のみ

では、売却する債券を買う人は、この古い債券を100万円で買ってくれるでしょうか？　そんなはずはありませんね。というのも、同じ発

行者が発行する新しい債券を買えば、4年間で100万円あたり8万円の利息を受け取ることができるのに、古い債券では今後4年間で100万円あたり4万円の利息しか受け取ることができません。ですから、この古い債券を売却しようとすると、100万円を大きく下回る価格になるのです。

　詳しいことは本章の(8)（55ページ）でもう一度説明しますから、ここでは、**預金は解約しても元本割れはしないが、債券は満期前に売却すると元本割れをして損をすることがある**という結論だけ覚えておきましょう。ちなみに今の例ですと、この債券を買った人が実質的に年2％の利息をもらえるのと同じように価格が調整され、96万2963円になります。計算式は「(1＋1％／年×4年) ÷ (1＋2％／年×4年)」です。

　私たちの生活に近いところで考えると、債券はデパートの商品券のようなものです。実際にそのデパートに行けば商品券に記載してある金額で使えるというのは、満期になればおカネが返済される債券と同じです。一方、商品券を金券屋さんに持っていくと、そのときの需給関係、つまり、売りたい人と買いたい人との力関係で価格が決まりますが、これは、債券を満期前に売却すると損をすることがあるというのと同じなのです。

国債と社債

★7 国だって、お金がなければ借りるしかない

　債券は一種の借用証書です。借用証書というのは、AさんがBさんからおカネを借りたときに「Bさんへ、私はBさんから○×円借りました。△年□月☆日に元本を返済します。利息は半年ごとに、元本に対する年率◎％で計算したものを支払います。」と書いてハンコを押すものです。

　で、普通の借金であれば、Bさんは借用証書に書いてあるとおり、Aさんに利息を支払い、元本を返済します。ところが債券の場合にはこの借用証書の内容のうち「Bさんへ」「Bさんから」という部分が書かれていません。

　というのも、おカネを借りたAさんから見れば、誰から借りたか、誰に返すのかというのはあまり重要ではありません。返済する金額と支払う利息だけが重要で、相手が誰であってもその内容は変わらないのです。それを利用して、借用証書の売買ができるというのが債券なのです。

　今の例で、金額が100万円、利息が半年に1回で利率を1％だとしましょう。1回あたりの利息は5000円です。この場合、利息の支払い日にこの「借用証書を持っている人」がAさんから利息5000円を受け取り、元本の返済日にこの「借用証書を持っている人」がAさんから元本100万円を受け取ります。この借用証書を持っていると将来Aさんからおカネをもらえるという立場になりますから、この借用証書には価値があります。そこで、この借用証書を売ったり、買ったりする人が現れて、持ち主が交代していくのです。

$「借金は悪いこと」って親に教わったけれど

　借用証書を書いておカネを借りることを、債券に置き換えると**「債券を発行する」**といいます。

　では、実際に債券を発行しておカネを借りているのは誰なのでしょ

う？　実は、日本で一番多額の借金をしているのは日本政府です。日本の国は、私たちから税金の形でおカネを集め、そのおカネで公務員の給与を払ったり、道路や橋を作ったり直したりしているのですが、毎年毎年の使うおカネが税金で入ってくるおカネよりもずいぶんと多いのです。そこで、**税金で足りない分については国債を発行して借金をしている**のです。

　本書を執筆している2013年初秋の時点では、最新の予算は平成25（2013）年度（同年4月1日から翌年3月31日）のものですが、そこでは、歳出（＝支出）額92兆6115億円のうち税収で賄われるのは43兆960億円でしかありません。一方、国債の発行による新たな借金の額は42兆8510億円にも上るのです。

　若旦那もニュースで「国債」という単語はよく聞くものの、なんとなく金融とか財政という難しい世界のことだと思って、これまではあまり気に留めていませんでした。実は、国債というのは、若旦那の嫌いな借金だったんですね。日本政府は、私たちの感覚でいう収入よりも支出のほうがはるかに大きく、その差は借金するしかないという状況なのです。

$ えっ、会社も借金しているの?!

　収入よりも支出のほうが多く、借金をしなくてはまわっていかないのは国だけではありません。多くの会社では銀行からの借入がありますし、大企業では債券を発行していることも多いのです。

　若旦那のお亡父さんは、いつも「借金してまで買うものなんかない」と言っていましたし、時計屋さんもできるだけ借金をしないようにしています。収入よりも支出が多いために借金をするというのは、なんだかだらしないような気がして、借金は悪という感覚があるのです。しかし、収入よりも支出が多いことが悪いといい切れるわけではありません。

　たとえば大手製造業の下請けという立場になると、孫請け会社からの仕入れには早く代金を支払ってあげないと先方が苦しくなる一方、販売先は鷹揚としていて支払いがゆっくりというケースが多く見られます。このような場合、代金の受け取りが確実であっても仕入れと販売との間

にタイムラグが生じてしまいます。このおカネのタイムラグを埋めるために、銀行からの借入を利用しているケースは多いのです。このように考えると、**借金が一概に悪いものだとはいいにくい**ように思えるでしょう。

　本章の(3)で、三菱地所も三井不動産も2013年3月末時点で1年前よりも借金が増えていることを紹介しました。しかし、三菱地所は「販売用不動産」が約1206億円から約1524億円に、三井不動産では約2411億円から約4505億円へと増加しています（34〜35ページ参照）。これらは1年以内に販売される見込みで、増えた借金の一部がこちらに回っていることでしょう。みなさんの生活でいうと、ボーナス一括払いで買い物をするとか、そのような感じです。

　なお、このあたりのおカネの話は「運転資金」というカテゴリーに入ります。詳しくは第3章の(4)から(6)あたりで扱います。
　一方、会社がおカネを必要とするのは、一時的な運転資金のためだけではありません。実は若旦那は住宅ローンを借りているのですが、これも立派な借金です。

　ただ、若旦那が住宅ローンを「悪い」借金だと思っていないことにも一理あります。というのも、住宅ローンは借りたおカネが「住宅」というモノに変わっています。借りたおカネが消えてしまうのではなく、目に見えて、かつ長期間残るモノに変わっているのだから、**「してもいい借金」**なんだと考えるのです。

　会社の場合も同じです。たとえば本社ビルを建てようとすると、土地を買って、さらにビルを建てることになりますから、ものすごい金額が必要です。しかし、たとえばそのビルが50年もつのであれば、理屈の上では、50年の借金で買ったとしても悪いことではないと考えるわけです。50年というと極端ですが、5年、10年と使えるモノであれば、5年・10年という期間の借金をしてもいいというわけです。

　三菱地所の2013年3月期決算では、固定資産の「土地」が1年前の1672億円から1883億円に、三井不動産は1614億円から1753億

円に、それぞれ増えています。固定資産というのは「長期的に保有する意図」という意味であって、両社であれば、オフィスビルなど賃貸用の物件のための土地だと考えればいいでしょう。土地はなくなりませんが、土地の上に建てる建物は50年程度の寿命でしょうから、このような土地を取得する上で、たとえば期間50年の借金をしていたとしても、それはそれで意味があるのだといえるでしょう。

💲 都道府県も市町村も、借金しなけりゃ回らない

　国が発行する債券は国債ですが、**会社の発行する債券は社債**といいます。小規模な会社は、銀行・信用金庫・信用組合といった金融機関からの借入が借金の大半でしょうけれど、大企業になると、社債を発行する例も増えてきます。(3)でも見たとおり、2013年3月末時点では、三菱地所の社債の発行残高は6897億円、三井不動産は3401億円でした。ただ、両社とも、社債を発行しているからといって銀行借入をしていないわけではなく、長期（＝返済期限まで1年以上）の借入金の残高がそれぞれ1兆582億円、1兆5137億円と、社債を大きく上回る金額となっています。

　若旦那も、自分の住宅ローンのことを考えてみると、会社がビルを建てたり、何年も使える機械を買ったりするときに、銀行からおカネを借りることは理解できるような気がしてきました。また、国債についてはニュースでよく報道されていて、日本の財政問題と絡めて「あー、大変なんだろうな」という気持ちも強くなってきたところです。

　ただ、そんな若旦那も、国だけではなく、**都道府県や市町村・東京23区も借金をしないと回っていかない**という話を聞いたときにはびっくりしました。実は、都道府県、東京23区、市町村は、どれも、国と同じように予算があり、足りないおカネは借金をしています。銀行など金融機関からの借入もありますが、国債と同じように債券の発行の形を取ることもあります。規模が一番大きいのは東京都で、過去の借金を返済できずに再度同額を借り入れる「借り換え」のためを含め、平成25年度だけで8500億円程度の発行を予定しています。

また、「ミニ公募地方債」といって、地域住民を対象に発行される債券もあります。平成25年度には、避暑地で有名な長野県の軽井沢町1億円、東京都の足立区3億円、福井県の鯖江市4億円、などといったミニ公募地方債の発行が予定されています。

図★1-5
政府予算案の歳入内訳

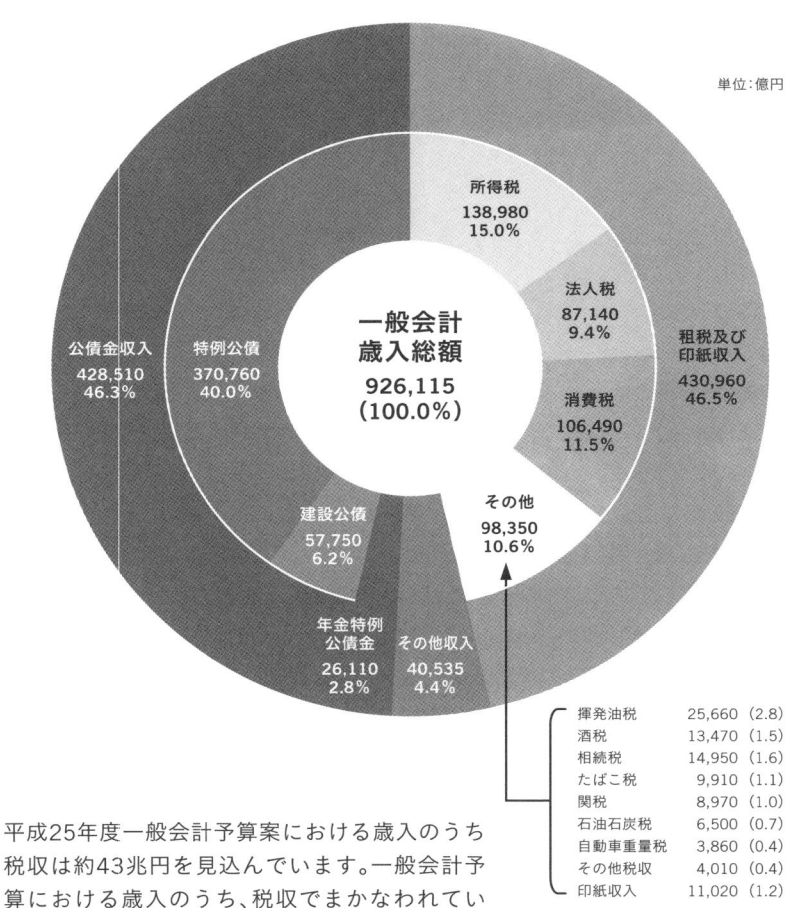

単位：億円

一般会計
歳入総額
926,115
(100.0%)

所得税　138,980　15.0%
法人税　87,140　9.4%
消費税　106,490　11.5%
租税及び印紙収入　430,960　46.5%
その他　98,350　10.6%
その他収入　40,535　4.4%
年金特例公債金　26,110　2.8%
建設公債　57,750　6.2%
特例公債　370,760　40.0%
公債金収入　428,510　46.3%

揮発油税	25,660	(2.8)
酒税	13,470	(1.5)
相続税	14,950	(1.6)
たばこ税	9,910	(1.1)
関税	8,970	(1.0)
石油石炭税	6,500	(0.7)
自動車重量税	3,860	(0.4)
その他税収	4,010	(0.4)
印紙収入	11,020	(1.2)

平成25年度一般会計予算案における歳入のうち税収は約43兆円を見込んでいます。一般会計予算における歳入のうち、税収でまかなわれているのは5割に満たず、5割弱は将来世代の負担となる借金（公債金収入）に依存しています。

（財務省「日本の財政関係資料」より）

債券の利回り

★8 積立の有利・不利を考えるには

　債券と預金とは、おカネを一定期間預ける、あるいは貸して、利息を受け取って元本を返してもらうという点で似ていることは(6)で説明したとおりです。ということは、債券を買う（あるいは「債券に投資する」）というのは、**利息を稼いで元本を返してもらう**ことが動機となるのです。

$ 債券を買うのはおカネを貸して利息を稼ぎたいから

　この動機は、発行されたときに債券を買う人から見ると当然のことです。

　たとえば、期間10年の日本の国債で、利率が0・8％というものを、発行と同時に額面で100万円分買った人のことを考えてみましょう。債券の額面というのは、利息計算の基となる金額で、かつ、借金の返済期日である債券の償還日（満期日）に返済される元本の額です。ですから、この国債を保有していれば、半年ごとに4000円（＝100万円×0・8％／年×0・5年）の利息を受け取ることができ、さらに、10年後には100万円の元本が返済されます。10年間の利息の額としてこの額が妥当だと思えば、この債券を100万円で買えばいいでしょう。

　この人が、この国債を購入して2年経過したとき、なんらかの理由で急に現金が必要になり、この債券を手放さなくてはならないことになったとしましょう。すでに述べたとおり、債券には預金と違って解約という考えかたが原則としてありませんが、幸いなことに債券は転々と流通することが前提になっていて売却が可能です。この人は、保有していた国債を売却することで現金を入手することができるのです。

　では、売りに出された国債を購入する人は、どのような動機があってこの国債を買うのでしょうか？　償還日の前に債券を売却する動機は現金化ですが、発行されてから時間を経過している債券を購入することに

どのような意味があるのでしょう？

この答は単純で、やはり「利息を稼いで」さらに償還日に「元本を返済してほしい」からでしょう。発行と同時に発行者から購入しようが、発行からしばらく時間が経ってから保有者から購入しようが、債券を買う人の動機は、手元にあるおカネを貸して、利息を稼いで、元本を返してもらうことなのです。

$ 単利の利回りは算数で計算できる

債券を取得するときに支払う金額が、債券の額面金額と同じであれば、「どれだけの利息を得ているのか」を考えることは簡単です。額面100万円の債券を100万円で取得し、半年ごとに4000円の利息を得て、償還日に100万円の返済を受けるという例を考えると、100万円を預金して半年ごとに4000円の利息を受け取るのと同じようなものです。この場合、預金金利と比較するために利率（年率）で表現すると、半年あたり4000円÷100万円＝0・4％ですから、金利のお約束である年率にすると0・8％となります。

では、この債券の価格が95万円だったらどうでしょう？　額面100万円の債券を95万円で購入するということは、預金でいえば、預け入れる元本が100万円ではなくて95万円だということです。95万円を預けて、半年ごとに4000円の利息を受け取って、最後に100万円の払い戻しを受けるわけです。ここで、最後に100万円の払い戻しを受けるということは、預け入れたのが95万円だと考えていますから、さらに5万円の利息を受け取っているのと同じことです。

ここで、8年間で受け取った利息の合計額を考えてみると、

債券を保有していることによって受け取るのが1回4000円×16回（＝年2回×8年）＝6万4000円です。

さらに、償還日には5万円の追加の利息がもらえます。

このような場合に、**「預金金利に直したらどうなるのか」という形で表したものを「利回り」といいます。**利回りは金利の一種なので、年率で表示します。

この場合では、8年間の実質的な利息の額が11万4000円、預け入れた金額が95万円、預け入れた期間が8年間です。
　このように考えれば、利回りの計算は簡単でしょう。年率換算する前の利息の割合は11万4000円÷95万円で計算され、さらにそれを預け入れ期間の8年で割ればいいのです。**答は1・5％**です。

　利回りの計算をすれば、たとえば預金金利との比較ができますし、また、他の債券との利回りの比較も可能になります。
　実際、償還日まで後8年のこの国債の利回りが1・5％だということは、他の国債で、同じように償還日まで後8年の国債を買おうとすれば、それが発行者から買う（新たに発行される債券を買う）場合であっても、他の保有者から買う場合であっても利回りは1・5％前後になるでしょう。
　ちなみに、価格が102万円になると、預けた金額よりも償還日に返済される金額が2万円減るということになりますから、その分、合計の利息の額が目減りします。さきほどの債券であれば、利回りは0・54％（％の小数点第3位四捨五入）となるのです。

　この考えかたを見れば、債券の利回りと価格の関係は簡単にわかるでしょう。債券の価格が高くなるということは、償還日までに得られる実質的な利息の合計額が減りますから、利回りが低くなります。債券の価格が安くなるということは、逆に、利回りが高くなるのです。「**債券の価格と利回りとは反対の動きかたをする**」という結論だけを覚えておいてもいいでしょう。
　みなさんの生活でいうと、たとえば旅行積立とかデパートの積立の有利不利を考えるのが、まさに利回りの計算です。1年後に100万円になる一時払いの旅行積立に必要な金額が97万874円だとすると、その「利回り」は3％になるのです。

💲 複利の計算には関数電卓か表計算ソフトが必要

　ちなみに、今ご紹介した利回りの計算方法は(5)で説明した「単利と

複利」のうち、単利の計算方法になります。

単利での利回り計算の難点は、同じ金額であれば3日後に受け取るのも30年後に受け取るのも同じように評価してしまうということです。

たとえば、償還まで10年の額面100万円の債券を100万円で買うという場合、片方は普通に半年ごとに4000円の利息を受け取る一方、もう片方（実際にはこんな妙な債券はありませんが）は購入してから半年後に8万円の利息を1回払い、後は10年後に元本が戻ってくるだけという場合を考えてみると、単利では、どちらも10年間で受け取る利息の合計が8万円なので、利回りは0・8％となります。現在価値の考えかたを用いると、実際には後者のほうが有利な債券ですが、単利だとこの差を表現できないのです。

そこで用いられるのが複利の考えかたです。

複利での利回りを言葉で書くと「その利回り（＝金利）を用いて複利計算で現在価値に直したら、債券購入に必要な金額になる」という利回りのことです。半年後の利息、1年後の利息、……、9年半後の利息、10年後の利息と元本の合計額、のすべてを、同じ金利で現在価値に直し、その現在価値が債券を購入するのに必要な金額と同じようになる金利を探すということです。

考えかたについては**図1-6**を見ていただくとして、確かにこの計算をすれば、さきほどの問題は解消します。同じ金額であれば早く受け取るほうが価値が高いので、その分、債券価値に反映されるのです。

ということは、仮にどちらの債券も同じ100万円であれば後者の「複利利回り」のほうが高くなりますし、実際には後者の債券価格が高くなることで、同じ「複利利回り」になるように調整されるでしょう。

図 ★ 1-6
債券の複利利回り

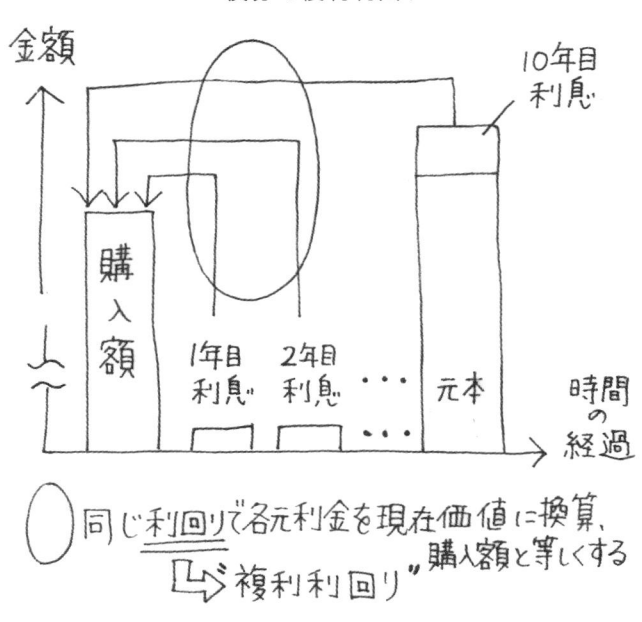

（図：金額を縦軸、時間の経過を横軸にとり、購入額、1年目利息、2年目利息、…、10年目利息、元本を棒で示す。○で囲んだ注記：「同じ利回りで各元利金を現在価値に換算、購入額と等しくする → 複利利回り」）

コンセプトは簡単。計算はちょっと難しい

　ちなみにですが、前者の、つまり半年ごとに4000円の利息を受け取る普通の債券であれば、複利利回りは0・8％となりますが、購入半年後に8万円の利息を1回だけ受け取る後者の複利利回りは0・83％（％の小数点以下第3位を四捨五入）です。また、後者の債券の複利利回りが0・8％のとき、その債券の価格は100万2945円となります。利息の合計額が同じであれば早くもらえるほうが（現在）価値が大きくなることを反映しているのです。

　このように、利息が利息を生むという現実を考えると、**債券の利回りについて複利のほうが実情に即している**のは確かです。ただ、複利利回りの計算は普通の電卓では不可能で、関数電卓か表計算ソフトを用いなくては答が出てきません。さきほどのような、償還日まで8年、利息

計算のための利率（年率）が0・8％という額面100万円の債券を95万円で購入するという場合の複利の利回りを正確かつ簡単に計算する方法はないのです。

　実際、簡単ということであれば単利であり、多くの場合、暗算を余儀なくされた場合には単利で間に合わせるのです。ちなみに、正確に計算した場合の複利利回りは1・46％であり、単利の1・5％とは若干異なりますが、単利であっても概算値としてはほぼ実用に耐えるのです。

　日本では、伝統的に単利で債券の利回りを計算する習慣になっています。債券の価格と利回りとは1対1対応をするのが原則で、価格が決まれば利回りが決まる、利回りが決まれば価格が決まるという関係にあるのですが、国債や社債の取引は単利の利回りで売買の条件を決めて、そこから価格を逆算しているのです。日本でも、細かい分析をする際には、利息の利息という観点を踏まえて複利利回りを用いるのですが、それでも売買に際しては単利を用いていて、金融のプロの間であっても、単利の単純さは捨てがたいし、また、十分に有用であることを示しているのです。

　なお、さきほどの利息計算との関係でいえば、債券の複利利回りは、半年後や1年後に受け取る利息を、債券の償還日まで運用した結果に対応します。複利の考えかたでは、10年の債券を購入して半年後に受け取った利息はあと9年半運用できますし、1年後に受け取った利息は9年間運用できます。途中で受け取る利息を、同じ利率で償還日まで運用して受け取る金額（償還日に受け取る元本と利息を含みます）と、元本だけを同じ利率で償還日まで運用した場合の元利合計とが、同じ金額になるような利率、それが複利利回りなのです。なお、この考えかたは、さきほどの図1-6を反対側から解釈しているのと同じことです。

　この考えかたがさきほどの複利運用と結びつかなくても、心配には及びません。上述のとおり、複利のことがわからなくても実際に困ることはほとんどないからです。

融資と信用リスク

★9 貸したランチ代が戻ってこないこともある

　おカネを貸したら必ず返ってくるのであればいいのですが、実際にはそんなことはありません。借りたおカネを返すというのは「約束」ですが、「約束は守らなくてはならない」とわざわざいわれるのは、約束を守らない人がいるからです。本来であれば借りたおカネは返さなくてはいけませんが、その約束が守れず、借りたおカネを返せなくなる人というのが出てきてしまうのです。

$ 貸したおカネが返ってこない！

　貸したおカネが返ってこないというのは、形を変えていろいろなところで見られます。みなさんの生活でいうと、「ちょっと持ち合わせがないから1000円貸して」とランチのときにいわれて同僚に1000円貸して、その後、なかなか返してくれない、などというのもそのひとつです。

　若旦那も、かつて顔見知りのお客さんが「明日代金持ってくるから」というので品物を先に渡したところ、なかなか代金を払ってくれなくて困ったことがありました。

　特に問題なのは「返さない」のではなくて「返したくても、返すおカネがない」という人の場合です。このような人には、いくらしつこく頼んでもどうしようもないからです。一般的に、このような状況になっておカネが返ってこなくなる事態のことを**「信用リスク」**といいます。たとえば銀行は常にこの信用リスクにさらされていて、住宅ローンを借りていた人が不景気で残業が減って返済に困ったり、運転資金を借りていた会社が仕入れた商品を販売できずに事業が行き詰ったりということになると、銀行は融資したおカネが戻ってこず、困ってしまうわけです。

　債券は、発行する側から見ると借金ですから、**債券を買う（債券に投資する）とは、この信用リスクを負うこと**です。これは、国債でも例外ではありません。そして、国ですら信用リスクがあるのですから、国以

外であればなおさらです。つまり、社債にはすべて信用リスクがあり、社債を発行している会社が利息を支払えなくなったり、元本を返済できなくなったりする可能性は、程度の差はあっても、常にあると考えられるのです。

「ベニスの商人」と借金

　貸したおカネが返ってこないのは困ってしまいます。そこで、人類はいくつかの発明をして、そのリスクを小さくしようとしてきました。ひとつは**保証**で、もうひとつは**担保**です。

　保証というのは、AさんのA借金を、Aさんになにかあったら Bさんが**肩代わりをするという約束**です。ここで約束をしているのはBさんです。Aさんが大学を卒業したばかりの社会人1年生で、いきなり数百万円の借金をするとなると、おカネを貸す側は本当に返してもらえるか心配になります。しかし、たとえばBさんの親御さんが数千万円の財産を持っていて、Aさんの借金を「いざとなったら」肩代わりしてくれるとなったら、貸す側は貸しやすくなります。

　若旦那の住宅ローンも、銀行マンにいわれるままにハンコを押していただけなので、これまであまり意識したことはありませんでしたが、よく見てみると、住宅ローンを貸してくれた銀行の他に「○×ローン保証」という、銀行の子会社の保証会社が保証人になっていました。銀行が住宅ローンを貸すときに子会社に保証させるのは、いろいろな制度上の制約があるからやっていることであって、本当の意味でその保証をアテにしているわけではないのですが、形としてはそのような保証があることで、仮に若旦那が住宅ローンを返せなくなったら、その保証人に返済してもらえばいいことになっているのです。

　担保というのは、おカネを貸すときに金目のモノを預かっておいて、貸したおカネが返ってこなかったらそのモノを自分のものにして、あるいはそのモノを売却した代金を使って、おカネを返してもらうことです。今でも街中で見かける質屋さんは、モノを預かっておカネを貸し、貸したおカネが返済されなかったら預かったモノを没収して売却しますが、それが担保の機能です。

若旦那の住宅ローンでは、お母さんと住んでいる二世帯住宅が担保になっています。これは、住宅ローンを返せなくなったら、銀行（正確には銀行の子会社の保証会社）がこの二世帯住宅を売却することができ、その売却代金が住宅ローンの返済に回ることになるのです。

若旦那は、学生のときに教養課程の英語で出てきたシェークスピアの『ベニスの商人』の話を思い出しました。シャイロックからバッサーニオが3000デュカットを3か月借りるに際して、まず、アントニオという保証人を立てました。バッサーニオには財力はありませんが、アントニオは船隊を擁する「ベニスの商人」ですから、おカネを貸す側としては安心です。ただ、アントニオの資産は船の形で海外にあって実際の価値として捕捉することは難しいとシャイロックが難癖を付けて、さらにアントニオの肉1ポンドを担保としたのです。もちろん、事前に肉を切り取っていたわけではなく、期日を守れなかったら肉をもらうぞという内容でしたが、機能としては同じです。

ベニスの商人に見る「保証」と「担保」

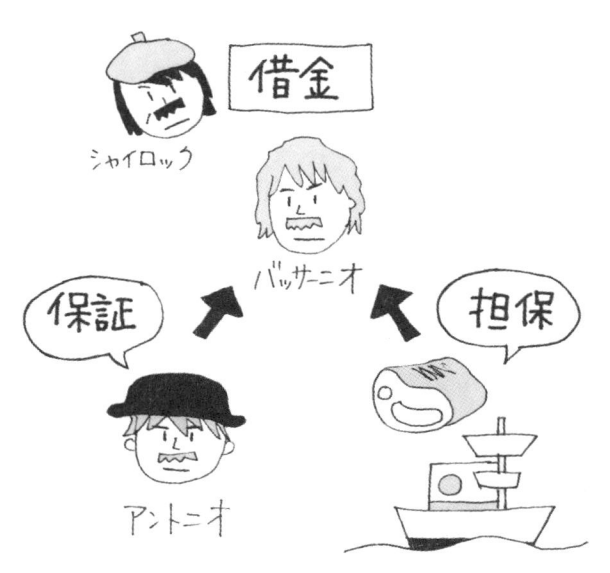

保証や担保があれば、借金は容易に

$ おカネを必要としない人ほど簡単に借りられる

　借りたおカネを返済できる確実性が高い人とそうでない人がいるとき、借りる条件が同じだとすると、誰も、確実性の低い人にはおカネを貸しません。「こいつに昼飯代を貸すと、3回に1回は踏み倒されるぞ」とみんなが思っている相手には誰もおカネを貸さなくなるのと同じです。

　これが融資や債券の世界ですと、まったくおカネが借りられなくなるのではなくて、おカネを借りるときの条件が悪くなります。具体的には、**利息をたくさん払わなくてはならない**のです。

　これは、おカネを貸す側から見ると当然の行動です。また、それだけの利息を支払わない限りおカネを借りられないのですから、借りる側からしてもやむを得ないと思うでしょう。

　しかし、よく見てみると、若干不思議な感じもします。というのも、借りたおカネを確実に返済できるというのは、そんなにおカネに困っていないということです。財産を持っていたり、収入が多かったりするから借りたおカネを簡単に返せるからです。

　他方、返済が苦しくなる人というのは、おカネに困っている人です。しかし、後者のほうが利息が高くないとおカネを借りられないのですから、単純化すると、「おカネ持ちほど簡単におカネが借りられる」「**おカネを持っていないと、おカネが借りにくいし、借りても利息が高くて返済が大変**」となるのです。

　社債でも同じことがいえます。財務内容がよくて、あまりおカネに困っていない会社の発行する社債は、利回りが低く、社債を発行（借金）した会社の支払う利息は少なくて済みます。一方、**財務内容が悪い会社は借金をするのに利息を多く払わなくてはいけません**。その結果、下手をするとますます財務内容が悪くなるのです。

信用リスクと格付け

10 日本の信用は大丈夫?

　格付けには、本来は「ランク付け」「順番付け」という意味しかありません。芸能人格付けでも病院格付けでもなんでもいいですが、テレビや雑誌などで特に断りなくこの表現が用いられるときには、まさにこの意味で用いられます。

　一方、ファイナンスの世界での「格付け」は、特に、**発行された債券や、債券の発行者についての、信用リスクのランク付け**のことを指します。さきほどの (9) で見たとおり、借金の返済の確実性というのは借り手によって異なりますが、その確実性（＝信用リスク）の差をランク付けするのが、ファイナンスの世界でいう格付けなのです。

$ ギリシャとドイツ、どちらの国債のほうが安全?

　格付けは信用リスクのランク付けで、「格付けが高い」というのはランクが上位にあることを意味します。具体的には、借金返済の確実性が高いということであり、企業であれば「倒産の可能性が低い」ということになります。したがって、一般的には、格付けが高い債券や、高い格付けの発行者が発行した債券は、そうでない債券と比較すると、（年限や通貨など他の条件が同じであれば）利回りが低くなります。返済の確実性が高い人ほど、好条件、つまり、少ない利息でおカネを借りられることと同じ理屈です。

　逆に「格付けが低い」というのはランクが下位にあることを意味します。借金返済の確実性が低く、企業であれば「倒産の可能性が高い」ので、そのような債券は利回りが高くなります。

　同じ「ユーロ」という通貨で「国」が発行している債券であっても、ドイツの国債とギリシャの国債とでは、格付けが異なります。ドイツは財政状況が相対的によく、国債の元利払いができなくなる可能性は低いために格付けは高いですし、ギリシャはその反対で格付けが低めになっ

ているからです。

　この場合、ドイツの国債の利回りは、同じくらいの年限のギリシャの国債の利回りよりも低くなります。これは、両国の元利払いの確実性の差を反映していますが、格付けをアテにするという立場から見ると、格付けの差を現しているともいえます。

💲 レストラン・ガイドの☆の数

　格付けという名のランク付けは、公的な機関が公的な権威に基づいて行なっているわけではありません。民間会社が、**その会社の「意見」**としてランク付けを行ない、そのランクを公表しているに過ぎないのです。その意味では、みなさんもおなじみのレストラン・ガイドが☆の数でランク付けを行なっていることとなんら変わりません。

　ただ、債券の格付けは☆の数ではなく、アルファベットと数字の組み合わせで表すのが一般的です。世界的に有名な格付け会社はスタンダード＆プアーズ（「Ｓ＆Ｐ」）とムーディーズの２社ですが、Ｓ＆Ｐの側は最上位がＡＡＡ（トリプルＡ）で、以降、ＡＡ＋（ダブルＡプラス）、ＡＡ（ダブルＡ）、ＡＡ－（ダブルＡマイナス）……と下がっていきます。ＢＢＢ－（トリプルＢマイナス）までを「投資適格」と呼び、ＢＢ＋（ダブルＢプラス）以下の格付けが付された債券は、「投機的格付け」とされますが、要するに、「ジャンク債」（ジャンクはがらくたのこと）ということです。

　ムーディーズの場合は最上位はＡａａ（トリプルＡ）で、以降、Ａａ１（ダブルＡワン）、Ａａ２（ダブルＡツー）、Ａａ３（ダブルＡスリー）……と下がっていき、Ｂａａ３（ＢダブルＡスリー）までが投資適格、Ｂａ１（ＢＡワン）以下が投機的格付けとされます。

$ 日本はデフォルトしない?

　格付け会社の格付けはランク付け、順番付けです。したがって、さきほど紹介した**「投資適格」「投機的格付け」という２つの分類も便宜的なものでしかありません。**というのも、発行者によって信用度、つまり、元本や利息の返済の確実性が異なるのは当然であって、その順番付けは存在します。ここでいう確実性というのは、いわば程度問題であって、その順番付けをしていく中で、ある順番までは「大丈夫」、それ以降は「アブない」という性質のものではないからです。

　ですから、格付け会社の意見としては、最上位の格付け以外は、程度の差はあれ、元利払いができなくなる「デフォルト」のリスクはあると思っていますよという意味に捉えなくてはいけません。実際、ムーディーズの調査によれば、投資適格とされる格付けの最下位となるＢａａ１（ＢダブルＡワン）格を附与されていた債券を15年間追跡調査すると、平均して11・5％程度が債務不履行になっているというのです。

　ちなみにＡａａ格だと０・19％（500件に１件）ですから、デフォルトの発生はほぼ誤差の範囲と考えられるでしょう。Ｓ＆Ｐの類似の調査ではＡＡＡ（トリプルＡ）の債務不履行率はもっと高く、15年間の追跡調査による平均の債務不履行の割合は１・02％、逆に投資適格の最下位であるＢＢＢ－（トリプルＢマイナス）格はムーディーズよりも低く10・7％です。

　このように見てみると、格付けの高いとか低いというのは相対的な話でしかなく、また、所詮は格付け会社の意見でしかないので、そこからなにか確定的なことを読み取るのは難しいといえます。たとえば、日本の格付けはムーディーズ、Ｓ＆Ｐともに上から４番目（2013年10月現在）となっています。さきほどと同じ統計を見ると今後15年間で債務不履行になる確率は１％から２％程度です。この程度の確率の話に対して、最上位ではないからけしからんという話をしてもしょうがないのです。

ご隠居　「どうだい、ヒロシくん、わかったかい。預金金利が低いっていうのは日本ではデフレが続いているからであって、実質金利はむしろ高いんだよ。それでも金利を稼ぎたいのであれば社債を買うっていう手もあるけれど、利回りの高さには理由があるしね」

若旦那　「そうですね。うちの母の場合、生活費として必要な金額はだいたいわかりますから、金利から逆算してどの程度のおカネを預金しておくかなんてことも計算できることがわかりましたよ」

ご隠居　「証券会社がすすめる債券は、利回りが複利なのか単利なのかもよく見て、預金と比較した上で買うかどうか決めればいいだろうね」

第2章
資金を運用する側から見た ファイナンスの理論
「リスクとリターン、そのバランスが問題だ」

第 2 章　資金を運用する側から見たファイナンスの理論

　ファイナンスには、おカネを運用する側とおカネを調達する側とがあるのが普通です。第5章で紹介する「デリバティブ」と呼ばれる金融「技術」を除くと、ファイナンスとは、おカネをどうやって増やそうかという**「運用」**と、おカネをどうやって手に入れようかという**「調達」**とに分かれるのです。

　これは若旦那の家でも同じことです。お亡父さんの遺してくれたおカネを、できるだけ目減りさせないで長持ちさせようというお母さんの考えは、「運用」の一種です。銀行に預金をしたり、株や投資信託を買ったりするのがその典型です。逆に、若旦那が自宅を建てるときに銀行から住宅ローンを借りているのは、ハウス・メーカーに支払うためのおカネを手に入れる「調達」なのです。

　世の中を、「私たち個人」「金融機関」「金融機関を除く企業（会社）」「政府」と分けると、**「私たち個人」はトータル（＝日本全部の個人）で見ると資金を運用する側、「会社」と「政府」は資金を調達する側**です。

　金融機関とは、ここでは、銀行、保険会社、投資信託などで、私たち個人からおカネを集めたり預かったりしているという点では資金を調達する側ですが、集めたり預かったりしたおカネを会社や政府に対して融通しているという点では資金を運用する側になっていて、トータルではチャラになっています。

　第2章では、この運用と調達というファイナンスの2つの側面のうち、運用する側に焦点をあてた上で、いろいろなことをお話ししていこうと思います。

続く第3章と第4章では資金を調達する側である会社を念頭に置いて考えていきますが、会社が資金を調達するには資金を運用しようとする人たちが必要であって、その人たちの行動様式を理解することが円滑な資金の調達には不可欠だというのがその理由です。
　若旦那の時計屋さんでは、増資（株を発行）して資金を調達することはこれまでなかったものの、運転資金（第3章(6)で詳しく検討します）については銀行から融資を受けることがあります。
　これまでは融資を申し込んで断られたことはありませんが、先代からは「銀行はいつおカネを引き揚げるかわからないから、銀行とはきちんとした付き合いを続けなきゃいけないよ」と存命中にいわれていました。若旦那もおぼろげながら、「おカネを調達できるかどうかは、おカネを持っている側が決めるんだ」ということは認識していました。「おカネを運用する側がどんなことを考えて、どのような意思決定をするのか、一般論としてでも知っておくことは大切だなぁー」とは若旦那も思っているわけです。

　なお、この章の(1)と(2)は、(3)以降の導入部分になっていて、ファイナンスの世界でいう「リスク」と「リターン」という言葉の説明にページを費やしています。(1)と(2)は理論的背景としては重要ですが、仮に(1)と(2)が理屈っぽすぎてピンとこなくても(3)以降を読むには支障がないはずなので、「何いってるかよくわからない」と思ったら、(1)、(2)は飛ばして、(3)から読んでいただいても大丈夫です。

若旦那「ご隠居、亡父が遺してくれた時計屋もおもしろいんですけど、なんか、こうパァーっと新しいビジネスをやりたいっていうふうに思うことがあるんですよ。僕もまだ若いですし、時計屋のビジネスもいつまで順調だかわかりませんからね」

ご隠居「いろいろと考えてみることは大事だと思うよ。でも、新しいことって成功するとは限らないじゃないか。それは考えてみたのかい」

若旦那「そりゃ、リスクはあるんでしょうけれど、ハイ・リスク、ハイ・リターンっていうじゃないですか。リスクを取ればガッポリ儲かるような気がするんですよ」

ご隠居「そうか……。いや、実はハイ・リスク、ハイ・リターンっていうのは誤解されやすい表現なんだけれど、リスクはやっぱりリスクだから、損することだってあるんだよ。新しいビジネスをやることだけじゃなくて、ビジネスのやり方を変えることだってリスクなんだから。たとえば、時計屋さんで100円ショップで買えるようなデジタル腕時計を置くとどうなるか考えたことがあるかい」

若旦那「若いお客さんが増えて、売上が伸びそうですよ、ご隠居」

ご隠居「それだけならいいんだけどね」

　ハイ・リスク、ハイ・リターンというのは、リスクを取れば取るほど儲かるという意味だと思っていた若旦那は、ご隠居の苦笑する姿を見て、自分の考えが単純すぎたかもしれない……と思い始めたのでした。

リスクという考えかた
1 廉価版の時計を販売すると、客層が変わってしまうかも

　リスクという言葉は、一般的には、「危険」という意味で使います。ファイナンスの世界でも基本的には同じで、「損をする危険性」と考えておけばいいでしょう。

　ただ、ファイナンスの世界では、**あらかじめ想定されていた損失はリスクとは考えません**。10回のうち9回は失敗するということがあらかじめわかっていることについては、実際に10回のうち9回失敗してもリスクとは考えないのです。

　また、リスクを測るときには、あらかじめ想定したよりも損失が出たときだけでなく、予想よりも利益が出たときについても考慮することになっています。ファイナンスの世界では**利益と損失は表裏一体**だと考えるため、利益もリスクなのです。

　つまり、ファイナンスでは**予想が外れることをリスクと捉えます**。びっくりすることがリスクなのです。

💲 予想より儲かることもリスク

　資産を運用する際のリスクは、元本が減る、あるいは元本を失うことだと思っている人は多いでしょう。では、株を買って、結果として儲かった場合というのはどうでしょう？　実は、ファイナンス的には、これもリスクの表れといえます。

　定期預金では現在は、利率がほとんどゼロに近いですから、利益（受け取ることのできる利息）もごくわずかでしかありません。それに対して、たとえば100万円で買った株が105万円になると5万円も儲かっていますから「びっくり」です。この**びっくりが、ファイナンスでいうリスク**なのです。

　「びっくり」というのをもう少し格好よくいうと、**「予想の精度の低さ」**あるいは**「予想の外れやすさ」**となります。定期預金では、満期に、預

金を預け入れたときに予想した元利合計を受け取ることができるのはほぼ確実です。しかし、株では、儲かるかもしれないし損をするかもしれませんから、予想の精度は低く、予想は外れやすくなります。それはリスクなのです。

予想よりも儲かることがリスクなのは、仮に、大きく儲けられることが事前にわかっていたのであれば、借金をしてでもその資産に投資をすべきだからです。予想よりも儲かったということは、借金をして大きく儲ける機会を逸したということであり、損失です。だから、やはりそれはリスクなのです。

$ 10回のうち9回失敗してもリスクではない！？

1から10までの数を書いた10枚のカードがあり、それを壺に入れ、参加者にはカードを見えないように壺の中からカードを1枚選ぶというゲームを考えてみましょう。ゲームに参加するには10円必要で、5のカードを引いたら100円の賞金がもらえます。

ゲームを1回しかやらない人がいるとすると、その人の行動は「リスクが高い」と思われるでしょう。10回に1回しか当たらないのだから、おカネを失いやすいからです。

では、このゲームを10回やる人がいたらどうでしょう？ 10回やるには100円の参加費が必要ですが、一方、このゲームを10回やれば「かなりの確率で」1回だけ5のカードが出ます。

「かなりの確率で」という話を厳密にやり始めると話が複雑になりすぎるので、ここでは大胆に単純化して「10回のうち1回は5のカードが出る」逆に「10回に1回しか5のカードは出ない」としましょう。

そうすると、このゲームを10回やることにはもはやリスクはありません。10回やれば、参加費の合計は100円、賞金も100円ですから、損も得もしません。そして、この損も得もしないという結果になることは間違いない、つまり、予想は外れないのです。

カードを引くゲームに見るリスク

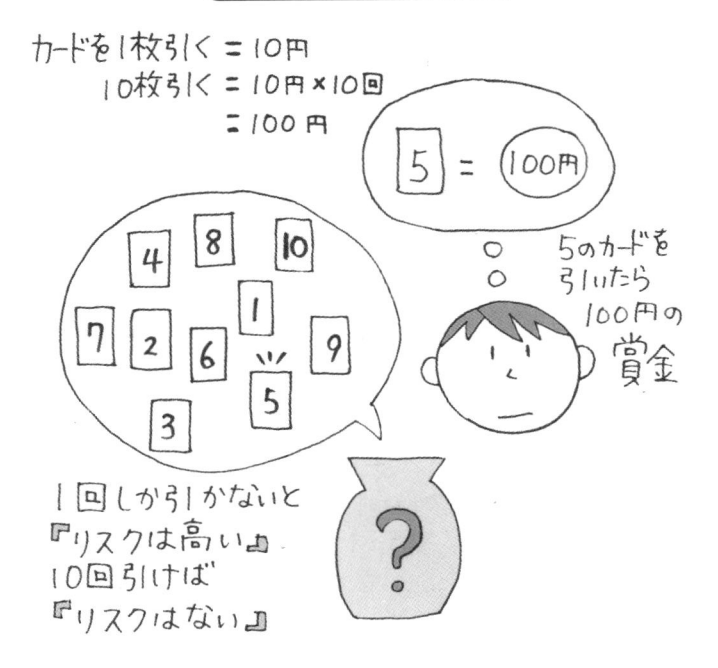

カードを1枚引く = 10円
10枚引く = 10円×10回
= 100円

5 = (100円)

4 8 10
7 2 1 9
6
3 5

5のカードを引いたら100円の賞金

1回しか引かないと『リスクは高い』
10回引けば『リスクはない』

　もちろん、現実の世界では「10回のうち1回だけ5のカードを引く」ことが確実なゲームというのはありません。それでも、10回カードを引くことにすれば、1回しかカードを引かないことと比較すると予想の精度は上がります。びっくりすることが少なくなるのです。
「確率」という話は偏頭痛の元かもしれませんので、細かいことは省略しますが、要するに、今のゲームで10回カードを引くことにすれば、3分の1くらいの確率で損も得もせず、3分の1くらいの確率で全額を失い、3分の1くらいの確率で儲かりますが、参加費の10倍の賞金を得る確率は100億分の1しかありません。一方、1回しかカードを引かない場合には、10分の9の確率で全額を失い、10分の1の確率で10倍になります。どちらが「予想が外れやすいか」は明らかでしょう。

💲「びっくりはイヤ」と覚えよう

　今後も、少し算数・数学的なことが出てきますが、重要なのは、そのような技術的なことではありません。ファイナンスで「リスク」という言葉を使うときには**「予想から外れること」「予想が難しいこと」**という意味だというのを知っておけばいいのです。

　この感覚は、ある意味、ビジネスにも通じます。若旦那の時計屋さんでは、国産、輸入含めて、100円ショップで扱っていたり、量販店で数千円で販売されているような廉価な腕時計は扱っておらず、数万円から数十万円のものが主流になっています。なので、最近の使い捨て感覚で腕時計を買うような若い人たちからは敷居が高いと思われていますが、多少価格は高くても「いいもの」を扱っている時計屋さんだという評判を得ているのです。

　若旦那は、たとえば店舗の一角を廉価製品のコーナーにして、これまでと別の客層にも受けるようなお店にすることを考えているのですが、逆に、これまで培った評判を壊してしまわないかも心配です。

　ここでは、これまで扱っていなかった商品を販売するということに対して、**「どうなるのか予想ができない」**という点がリスクになっています。儲かるようになるかもしれないし、逆に、客層が変わってしまってこれまでの高級品が売れなくなって儲からなくなるかもしれないからです。

　このような行動を取らなければ、良くも悪くも「びっくり」することはないでしょう。それはリスクではないのです。他方、このような行動を取ると、なにが起きるか予想ができないか、どの程度の影響が出るのか高い精度での予想ができません。それこそがリスクなのです。その意味で、ファイナンスの世界でいうリスクも、私たちの日常の意思決定と無関係ではありません。

「期待収益率」とリターン
2 空港にバスで移動するのは リスクが高い？

　資産運用をする目的は、おカネを増やすことです。100万円を運用して100万円にしからならないことがわかっていたら、誰もそんな「運用」はしないでしょう。まして、100万円を運用して95万円になることが事前にわかっていたらなおさらです。つまり、運用をするということは、100万円が100万100円であろうが103万円であろうが、増えるであろうと見込んでいることを意味するのです。

　ここでは、その「見込み」についてファイナンスで用いる言葉を説明します。また、そのような見込みは、通常どのように計測されるのかについても合わせて見てみたいと思います。

💲 ワクワクするという意味ではない「期待」

　「期待」という日本語は、**将来についての見込みや見通し**のことを意味します。この言葉は、「彼（彼女）の将来には期待が持てる」といった表現で使われる場合には、客観的な「予想」という意味を超えて、「希望的観測」という意味で用いられます。しかし、ファイナンスの世界でいう「期待」には、希望的観測という意味はまったく含まれていません。ネガティブな予想であっても、やはり「期待」という言葉を使うのです。

　なので、ファイナンスでいう「期待収益率」には「うまくいけば、このくらいは儲けてくれる」という意味はありません。あくまで、**「予想される」収益率**でしかないのです。若旦那が株を買うときには、もしかすると「1年で倍になれ」と願っているかもしれませんが、「1年で倍」になってほしいというのは希望的観測でしかありません。1年で倍、年率100％というのは予想される収益率ではないのです。

　ただ、この「予想される」という言葉もなかなか曲者です。私たちが何の気なしに使う「予想」という言葉は、不確実な将来について、当たることもあれば外れることもある事柄についての見込みや見通しであっ

て、「私の予想は○×です」などと使います。ファイナンスの世界でも「確実でない」という点は共通していますが、見込みや見通しについては、一般的な意味で用いる「予想」よりもずうっと厳格です。「将来は不確実だけれども、その不確実な事柄の平均的・中間的なもの」という意味を持っているからです。

つまり、ファイナンスでいう「期待収益率」とは、その収益率になるであろうという意味ではありません。その収益率よりも高いこともあるだろうし、低いこともあるだろうけれど、**起こりうる儲けや損失を平均すると、その収益率になることが予想される**ということなのです。

たとえばですが、半々の確率で、5％のプラスと15％のプラスのいずれかになるということが事前にわかっている運用手法が仮にあるとすると、この期待収益率は10％となるのです。

本章の(1)で、予想の精度が当たりにくいことを「リスク」としましたが、ファイナンスの世界で「リターン」という表現を用いた場合、通常は、この「期待収益率」という、まだ実現していない未来の収益率のことを指します。「株式のリターンは債券よりも高い」といった場合、日常語に翻訳すると「株式に投資すると儲かることもあれば損をすることもあるし、債券に投資しても儲かることもあれば損をすることもあるけれど、平均的には、株式に投資をしたほうが儲かる」となるのです。

$ 昔はいい男（女）だったのに

期待収益率は将来の見通しですが、これはどのように導かれるのでしょうか？　「期待」とか「予想」という言葉が示すように、誰かの主観によるのでしょうか？

実際には、私たちには将来のことはわかりません。なので、**過去の収益率の平均を「期待収益率」と考えることにする**のが一般的です。たとえば、過去10年間で平均して20％の収益率であった株があるとすると、この株の期待収益率は20％だと考えることが多いのです。

ただ、この方法には2つの大きな問題点があります。一番わかりやすい問題点は**「過去の収益率の平均」というのは、どのくらいの期間の過去が適切なのか**です。日経平均株価という株価指数（(5)で詳しく説

明します）は1989年の12月末に3万8915円87銭だったのが、本書執筆中の2013年9月末時点では1万4455円80銭でした。24年9か月で63％下落していますから、単純に計算すれば期待収益率は年率でマイナス2・54％です。一方、10年前の2003年9月末には日経平均株価は1万219円5銭でしたから、10年で31％上昇しています。

最近の10年間だけを見て単純に計算すれば、期待収益率は年率でプラス3％です。期間が長いほうが正確なような気もしますが、一方、あまりにも昔のことは現在の関連性が薄く重要視すべきでもないといえます。つまり、期待収益率として過去のデータを用いることに決めたとしても、期間の取りかたで数値が大きく変わってしまいます。

もうひとつはもっと根本的な問題点で、**未来が過去を繰り返す保証がない**ことです。たとえば、過去の平均の収益率が3％だとしても、今後の平均の収益率が3％で推移するとは限らないのです。

$ リスクを測るときの基準になる

期待収益率は、将来の収益率の平均値の予想です。ある資産運用の方法について、その方法で資産を運用したとすると平均的にどのくらい儲かると予想されるかを示しているのが期待収益率なのです。

しかし、期待収益率には、そもそもどうやって計測するのかという問題が残っているのは、さきほど触れたとおりです。そして、さらに困るには、期待収益率は結局「平均」でしかないため、仮に期待収益率が正確であったとしても、**実際の収益率は期待収益率のとおりにはならない**ことのほうが多いのです。

さきほど(1)で例として挙げた、10枚のカードを引いて5のカードが出たら参加費が10倍、それ以外のカードが出たら参加費が没収されるというゲームを考えてみましょう。

このゲームの期待収益率はゼロです。このゲームを何万回、何十万回とやると、その10分の1程度の回数で5のカードを引き、10分の9程度の回数で5以外のカードを引くでしょうから、「90円の儲け×全体の10分の1」と「10円の損×全体の10分の9」とを足してゼロとなるからです。何回も何回もやったことをひとつの数字にまとめるのが

平均ですから、結局、平均的な儲け、予想される儲けはゼロなのです。
　では、カードを1回だけ引くときと、カードを10回引くときとで「予想からのブレ」はどれだけ違うでしょう？
　カードを1回引くことにすると、賭け金を全部（100％）失うか、賭け金が10倍になる、つまり900％儲けるかのいずれかです。いずれも、期待収益率の「ゼロ」とは異なります。カードを10回引くことにすると、参加費の100％を失うのは3回（「10回引く」というのを1セットと数えたもの3セット）に1回しかなく、900％儲けるのは100億回に1回です。
　このような場合、前者は予想が外れやすく「リスクが高い」、後者は予想からの外れ度合いが小さいので「リスクが低い」となりますが、ここでいう「予想の精度」の「予想」とは、期待収益率なのです。

　となると、ファイナンスの世界でいうリスクとは、結局のところ「**期待収益率の精度**」あるいは「**期待収益率の外れなさ**」という意味になります。リスクが低い資産運用とは、期待収益率と実際の収益率とが大きく外れることはないものですし、リスクが高い資産運用とは、期待収益率と実際の収益率とが大きく外れやすいということなのです。
　ですから、期待収益率よりも大きくプラスの収益率が出て「びっくり」することがあっても、反対に期待収益率を大きく下回ることもあるわけで、次は損をするかもしれません。つまり、リスクは高いということになるのです。
　なお、期待収益率の場合と同様、リスクも本当は将来のことが対象になっているため、**事前に知ることはできません。**なので、やはり期待収益率と同様、過去のデータから算出するのが一般的です。今の例からわかるとおり、その際には、過去の平均の収益率と、対象となったそれぞれの期間の収益率との差（ブレ）を用いて統計的な処理をするのですが、この場合も、どの期間を取るのが適切なのか、また、そもそも未来のブレが過去のブレを繰り返すのかという議論は残ります。

　時計屋さんが廉価版の腕時計を販売することでいえば、若旦那は、こ

れまで同様に高級な腕時計を扱っていれば、将来の利益の予想ができ、かつ、その予想の確度がかなり高いと思っているわけですが、そこには未来が過去を繰り返すという暗黙の前提があります。

　もしかすると、消費者の消費行動がまったく変わって、月ごとに、前の年の倍売れたり、逆にまったく売れない月があったり、ということが起きるかもしれません。これは、最終的な利益の予想（期待収益率）は正しかったとしても、毎月の売上が読めなくなって不安が大きくなるという意味で、リスクが高まったことになるのです。

　みなさんの生活の中では、電車と中距離バスのような例がいいかもしれません。電車は時間が正確という意味でリスクが低い交通手段ですが、乗り換えがあると面倒ですし、荷物が多いときには大変です。なので、たとえば空港に向かうのにバスがあればバスを利用したいところですが、バスの場合、早いときは早いものの、渋滞にはまると大変です。つまり、平均的な時間は同じくらいであったとしても、バスのほうがファイナンス的な意味ではリスクが高い移動手段だというわけです。

　なお、理論的には、**ファイナンスの世界でいうリスクは、収益率の「標準偏差」**となります。期待収益率であるリターンには平均の意味がありますが、リスクとは期待収益率からの「ブレ」であって、それを数学・統計学的に処理した標準偏差で表されます。

　期待収益率であるリターンは年率で表しますから、リスクも年率で表します。ですから、たとえば、期待収益率が10％、標準偏差が8％という投資（資産運用）では、平均的な収益率は年率10％で、そこから標準偏差（ブレ）が上にも下にも年率8％あることになります。これは、実際の収益率が期待収益率（＝平均）から標準偏差ひとつずつの範囲、つまり、2％から18％に収まる確率は約68％、標準偏差2つずつの範囲（マイナス6％からプラス26％）に収まる確率は約95％となることを意味します。

3 ハイ・リスク、ハイ・リターンの意味
宝くじが当たったからといって、当てる能力があるわけではない

　ハイ・リスク、ハイ・リターンという言葉は、英語の単語の羅列としての意味は簡単です。「ハイ・リスク」はリスクが高いという意味ですし、「ハイ・リターン」は「リターンが高い」という意味です。本章の冒頭でも触れましたが、(1) と (2) は、この「ハイ・リスク、ハイ・リターン」を説明するための導入部でした。それによれば、「高い期待収益率、期待収益率からの大きなブレ」というのが、「ハイ・リスク、ハイ・リターン」という英語の羅列を日本語の羅列に翻訳したものとなります。

　では、具体的には、ハイ・リスク、ハイ・リターンとはどういう意味なのでしょうか？　これは、**ファイナンスの世界で絶対的に正しい事柄のひとつで、「儲けようと思ったら、損をする覚悟をしなくてはならない」**ということなのです。

$ 無茶をやれば報われる、というわけではない

　ハイ・リスク、ハイ・リターンについて最もよくある誤解は「リスクを取れば儲かる」「大きなリスクのある投資をすれば、その分、儲けが大きくなる」というものです。**残念ながら、そのようなことはいえません**。(1) で見たとおり、リターンとはあくまでも「期待収益率」ですから「予想される平均的な」収益率という意味しかありませんし、(2) で見たとおり、リスクとは「予想からの外れやすさ」です。

　つまり、ハイ・リスク、ハイ・リターンとは、予想される平均的な収益率が高い投資というのは、一方で、予想からは外れやすいということです。予想から外れるのが、さらに儲けが増えるという方向にだけ出るのであればいいですが、反対に、利益が減る、あるいは大きく損をするという方向にも出ることがあるでしょう。なので、「大きく儲けたい」のであれば「大きく損をするかもしれない」のだから「大きな損を覚悟しなくてはならない」となるのです。

今の話を資産運用という世界に置き換えてみましょう。銀行預金をしていれば、1年後の元利合計の予想が外れることはまずありません。すずめの涙ほどの利息を無視すれば、要するに、1年たっても元本は増えもしないし減りもしないことが確実なのです。

一方、1年間で20％くらい値上がりする株はたくさんあります。では、株を買えば必ず儲かるのかというと、もちろんそうではありません。20％くらい値上がりする「かもしれない」ということは、同じように20％くらい値下がりする「かもしれない」のです。この意味で、株式投資は銀行預金よりも明らかにリスクの高い資産運用です。

しかし、ハイ・リスク、ハイ・リターンなのだから、リスクの高い株式投資をすれば、銀行預金よりハイ・リターンが得られて儲かるのかというと、そうはいえません。今の例からもわかるとおり、20％値下がりすることもあるわけです。つまり、リスクを取ったからといって、必ず儲かるわけではありません。

なお、ハイ・リスク、ハイ・リターンでいう「ハイ・リターン」の正確な意味は、さきほど見たとおり、期待収益率が高いという意味です。ですから、株価が20％上がるのと20％下がるのとが半々の確率で起きるのだとすると期待収益率は0％なのでハイ・リターンには該当しません。たとえば、株価が20％上がる確率が55％、20％下がる確率は45％で期待収益率は2％であるとか、株価が20％上がる確率が50％、18％下がる確率が50％で期待収益率が1％であるなど、計算上の平均である期待収益率が銀行預金よりも高いというのが、リスクが高いことの反映になるはずです。

$「丁か、半か」はファイナンスではない

リスクが高いことの反映というのは、ハイ・リスク、ハイ・リターンにおける大事なコンセプトです。というのも、ハイ・リスク、ハイ・リターンにおける「ハイ・リターン」というのは「期待収益率」のことであり、期待収益率とは予想される平均という意味ですから、**「うまくいけば儲かる金額」**とは違うからです。

ですから、50％の確率で株価が20％上昇する、同じく50％の確率

で株価が20％下落するという株があったとすると、このような株に投資をする人は「いない」というのがファイナンスの世界の常識です。

というのも、この株に投資をしても平均的には儲かりも損もしない、つまり、期待収益率はゼロなのに、「期待収益率からのブレ」、ここでいうとゼロからのブレだけがあります。リスクがあるのにリターンがゼロなのですから、誰もこのようなことはしないのです。

これをファイナンス的にいい直すと「**リスクが高くなるのであれば、それに応じてリターンも高くならなければ意味がない**」となります。「**予想の精度が下がるのであれば、平均的な結果は改善しなくてはならない**」といっても同じです。

「急いてはことを仕損ずる」という諺は、きちんとものごとを仕上げるという意味での予測の精度は、急ぐことによって低下するという意味です。腕時計の修理をするのに、「急ごう急ごう」と思いながら取り掛かると、急がなければ起こらないミスがときたま発生し、かえって普段よりも時間がかかってしまうケースがあるというわけです。

しかし、ファイナンスという観点を取り入れると、急ぐことによって10回に1回は「仕損じて」遅れるとしても、残りの9回が正確かつ速く仕上がり、急ぐことで10個の腕時計を修理する時間のトータル（つまり、1個あたりの平均修理時間）が短くなることが見込まれるのであれば、急ぐことにも意味が生まれます。

逆にいえば、急ぐことによる仕損じで平均のスピードも下がってしまうことが見込まれるのであれば、急ぐことによってスピードが上がることが何回かはあったとしても、予測の精度は下がる（リスクが高くなる）わ、予想される平均のスピードは下がる（リターンが低くなる）わで、そのようなことはやるべきでないと考えるのです。「急がば回れ」というのは、この後者のような状況を表した諺といえるでしょう。

$ 成功した人がエラいわけではないこれだけの理由

ハイ・リスク、ハイ・リターンの考えかたをきちんと理解していると、ファイナンスにまつわる**成功話のすべてが、正しく胡散臭く聞こえる**は

ずです。簡単にいえば「実績として儲けている人は、高いリスクを取り続けている」のであって、その結果「今後は損をすることも十分に考えられる」と思わなくてはならないのです。

たとえば、若旦那のところに、こんな話を持ってきた人たちがいるとしましょう。ちなみに、人からおカネを預かって資産を運用するには、原則として役所への登録などの手続きが必要になるので、この例はまったくのフィクションです。

Aさん　「若旦那、いい儲け話があるんです。私の知り合いでいろいろな会社の株に投資をして、これまでの5年間で、平均20％の利益を上げているんです。少しこの人におカネを預けてみませんか？」（以降、「投資A」としましょう）

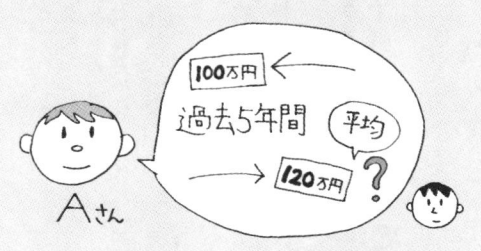

Aさん：過去5年間　100万円 → 120万円（平均）？

Bさん　「若旦那、資産運用をお考えですか？　あまり派手ではないんですが、堅実に投資を進めている人がいて、過去5年間くらいで毎年着実に5％くらい利益を上げています。よかったらご紹介しますよ」（以降、「投資B」としましょう）

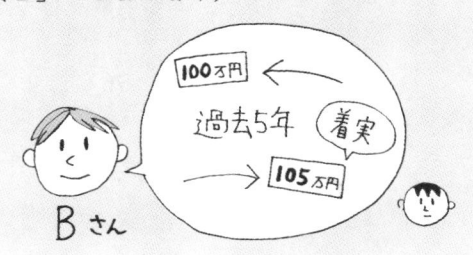

Bさん：過去5年　100万円 → 105万円（着実）

過去5年間の収益率は投資Aのほうが高いですね。ここは、投資Aに乗るべきでしょうか？

実はそうではありません。なぜかというと、投資Aと投資Bとでは収益率が異なりますが、実現した収益率が違うということは、期待収益率にも違いがあったと考えるほうが自然です。そして、投資Aのほうが投資Bよりも期待収益率が高かったということは、「ハイ・リスク、ハイ・リターン」の関係から、投資Aのほうが投資Bよりもリスクが高い運用であったはずです。

たとえばですが、投資Aの5年間の平均は20％かもしれませんが、「マイナス50％、プラス70％、マイナス60％、プラス90％、プラス50％」と激しく変動したなどの要素が考えられます。

ということは、投資Aが仮に平均20％の利益を上げていたとしても、実際には、予測の精度はかなり低いことになります。具体的には、若旦那が今投資をして、これから1年後、5年後を見ると、取っているリスクが大きいがために、大きな損をするかもしれないわけです。

ですから、投資Aを選ぶというのは、まさに「ハイ・リスク、ハイ・リターン」の典型であって、大きな損失をする覚悟をして、大きな利益を狙うことになります。なお、ここでいう大きな利益というのは「高い期待収益率」です。

もっとも、ここでは過去の高い収益率が投資A（を運用している人）の実力だという前提に立っています。仮に、投資Aの過去の収益がすべて偶然だったらどうなるでしょう？

たとえば、5年間の平均が20％であるだけでなく、毎年20％の収益率を5年間続けたようなケースでは、期待収益率は20％で、かつ、少なくとも過去5年間を見る限りは収益のブレがありませんからリスクがゼロになっています。これは信じてもいいのでしょうか？

仮に、投資Aの本当の「期待収益率」は実は0％なのだとしましょう。預金をする場合と同じです。ただ、期待収益率が0％でも、実際の収益率はプラス20％とマイナス20％のいずれかしか出ないとするとどうでしょう？

同じような投資をしている人のうち、32人に1人は、5年連続でプラス20％の収益をたたき出すのです。いってみれば、サイコロを振って偶数の目がでれば元本が20％増え、奇数の目が出れば元本が20％減るというゲームを年に1回ずつやるのと同じです。5回連続して偶数の目が出る確率は32分の1ですから、100人のうち3人が達成できる数字です。

　このように、**リスクの高い資産運用をしていると、偶然うまくいったときの収益率は大きくなることがあります**。また、本来は偶然なのに、それが連続することによって偶然ではないように見える場合もあるのです。一般的には、リスクの高い運用は期待収益率が高いだけでなく、うまくいったときの収益率も高いのですが、それと偶然とが同時に起きると、今の例のようなことが起きるのです。

　みなさんの生活の中で、もしかすると宝くじに当たった人が身近にいるかもしれません。その人が「私には宝くじを当てる能力がある」と主張したら笑いますよね？　それと同じで、大きく儲けた人は大きく損をするかもしれないことをしていただけ、ということが世の中には多いのです。

分散投資の効果

4 絶対に遅刻できないのなら、いくつもの交通手段を考えておく

　ファイナンスの世界では、正しい意味での「ハイ・リスク、ハイ・リターン」、つまり、「大きく儲けたければ大きな損失の覚悟をしなくてはならない」（そのため、実際に大きな損をすることがある）は常に成り立つと信じられています。実際、多くのファイナンスの理論は、この「ハイ・リスク、ハイ・リターン」が基になっているのです。

　ファイナンスの世界では、もうひとつ、常に成り立つと信じられていることがあります。それは**「分散投資によってリスクは減る」**です。

　この「分散投資によってリスクが減る」というのは、時計屋さんというビジネスを展開する上で、若旦那も実践していることです。

　高級腕時計にはスイス製だけでも名だたるブランドがいくつもありますが、その中のひとつのブランドしか扱わないというのは、なんらかの理由でそのブランドの人気がなくなるかもしれないと心配し始めると大変です。なので、最低でも3種類ぐらいは常に店頭に置いておき、特定のブランドの浮沈によってビジネスが大打撃を受けないように気を付けているわけです。

💲絶対に遅刻しないための手立ては

　私たちの生活では、「できて当たり前、できないと大変」という事柄がいくつかあります。たとえば、なにがあっても絶対に遅刻できない大切な打ち合わせがあるとしましょう。絶対に遅刻できないのですから、時刻どおりにそこにいるのが当たり前です。

　しかし、交通手段には必ずリスクがあります。タクシーやバスであれば渋滞ですし、電車が1時間程度止まることは決して珍しいことはありません。このような場合、目的地に向かう手段としてひとつしか調べていないと、渋滞や事故に巻き込まれたときに対応できません。

　こんなときに私たちが自衛手段として考えるのは、複数の交通手段を

あらかじめ調べておくことです。公共交通機関で通勤・通学している人であれば、複数の交通手段があることを知っているでしょう。通勤・通学の往復はいざとなれば遅れてもいいためまだ気が楽なはずですが、考えかたは同じです。絶対に遅れてはいけないのであれば、事前に、どのくらいの時間を要するかを含めて複数の手段を調べておくものなのです。

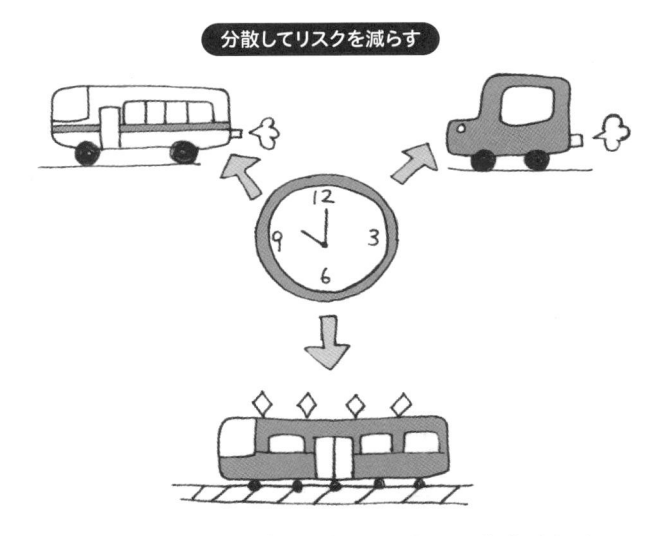

分散してリスクを減らす

分散すればするほど、失敗のおそれは少なくなる

　では、私たちはなぜこのような行動を取るのでしょうか？　その答は**「すべてが一度にダメになることはない（はずだ）」**からです。日本中の人が誰も約束の時間を守れなくなるようなことがあれば別ですが、そうでない限り、まったく移動の手段がなくなるということは通常はありません。
　これをファイナンスに置き換えると、投資（資産運用）の対象がひとつだと、そのひとつがダメになってしまったときの損失が大きくなる一方、投資の対象を複数にしておけば、大きな損失を避けやすいとなります。これが分散投資の効果なのです。
　たとえば、**ユニ・チャーム**の株と**信越化学**の株を考えてみましょう。

どちらかの株だけを買っていると、その株が大きく値下がりすると大きな損となります。しかし、ユニ・チャームの株と信越化学の株、両方に同じ額だけ投資したら、どちらかの株が大きく値下がりしたとしても、もうひとつの株も同時に大きく値下がりするとは考えにくいため、結果としてはトータルで大きく損をすることはないだろうと考えるのです。

💲 いつも一緒だと危険

投資の対象が複数になると、トータルの期待収益率は、個々の期待収益率の加重平均となります。100万円の資金で運用をするときに、Cという銘柄の期待収益率が5％、Dという銘柄の期待収益率が10％で、それぞれの銘柄を50％（50万円）ずつ組み入れた場合、トータル、つまり100万円に対しての期待収益率は2銘柄の平均の7・5％となります。仮に、Cを6割（60万円）、Dを4割（40％）組み入れたとすると、期待収益率は7％となります。5％（銘柄Cの期待収益率）×0・6（銘柄Cの組み入れ比率）＋10％（銘柄Dの期待収益率）×0・4（銘柄Dの組み入れ比率）＝7％となるからです。

では、リスクはどうなるのか？　結論からいうと、標準偏差で見たリスクは、組み入れた銘柄の加重平均と同じか、それ未満になります。今の例で、銘柄Cのリスク（標準偏差）が4％、銘柄Dのリスクが9％だとすると、それぞれを50％ずつ組み入れた場合のトータルのリスクは高くても両者の平均の6・5％となります。

この**「高くても」というところが分散投資の効果**です。トータルでの期待収益率は組み入れ銘柄の加重平均になるのに、トータルでのリスクが組み入れ銘柄の加重平均以下になるのです。簡単にいえば、**リターンを犠牲にしないで、リスクが下がる**のです。

実際、ともにリスクが5％、期待収益率が8％という2つの銘柄、EとFがあったとすると、銘柄Eと銘柄Fとに分けて投資をすることによって、期待収益率は同じ8％のままですが、リスクは5％以下になります。

ただ、この「リターンを犠牲にしないで、リスクが下がる」という表

現を文字どおりに理解してはいけません。というのも、**リスクが下がるのはあくまでも「相対的に」でしかない**からです。たとえば、上の例であれば、Cという銘柄だけに投資していればリスクは4％ですが、Cにだけ投資をしようとしていた人が、分散投資の効果を得ようとしてCよりもリスクの高いDという銘柄にも投資をしたとすると、Cにだけ投資していた場合と比較すればリスクは増えるのが普通なのです。

　なお、分散投資の効果がない場合、つまり、リスクが相対的に下がらない（組み入れ銘柄の加重平均になる）ときというのは、組み入れ銘柄がまったく同じように動く場合です。2つの銘柄が同じように上がり、同じように下がるのであれば、分散投資をしても意味がないことは感覚的にわかると思いますが、そのような場合には、数学的にも分散投資の効果はなく、リスクは相対的にも下がらないのです。

　複数の投資対象の動きかたの関係のことを**「相関関係」**といいます。一般的にはマイナス1からプラス1の間を動く「相関係数」と呼ばれる数字で表され、**相関係数が1ということは完全に同じように動く**ということを意味します。相関係数という多分に数学的なことよりも、「同じように動くもの同士に分散投資をしても意味がない」ということを覚えておきましょう。

　これは、大事な打ち合わせの前の準備でも同じです。たとえば、バスとタクシーというのは、渋滞になればどちらも同じように遅れますから、これらの2つに分散投資をしても意味がありません。同じ鉄道の普通電車と準急電車とか、鈍行と快速とかというのは、路線そのものが止まったら両方とも移動の役に立たなくなるから、複数のルートを調べたことにならないのと同じです。

$ 焼きあがり時間でパンの味が変わるとしたら

　分散投資の効果は、一般的には、ひとつの銘柄だけにおカネを突っ込むなという意味で用いられます。たとえば、ユニ・チャームの株を買うという選択肢と、信越化学の株を買うという選択肢があるのだったら、両方とも買ってしまえばいいでしょということで、両方の株を買ってお

けば、片方が大きく下がっても、もう一方も大きく下がることはあまりないわけです（**図2-1参照**）。

図 ★ 2-1

ユニ・チャームと信越化学の株価の推移（前年比上昇率）

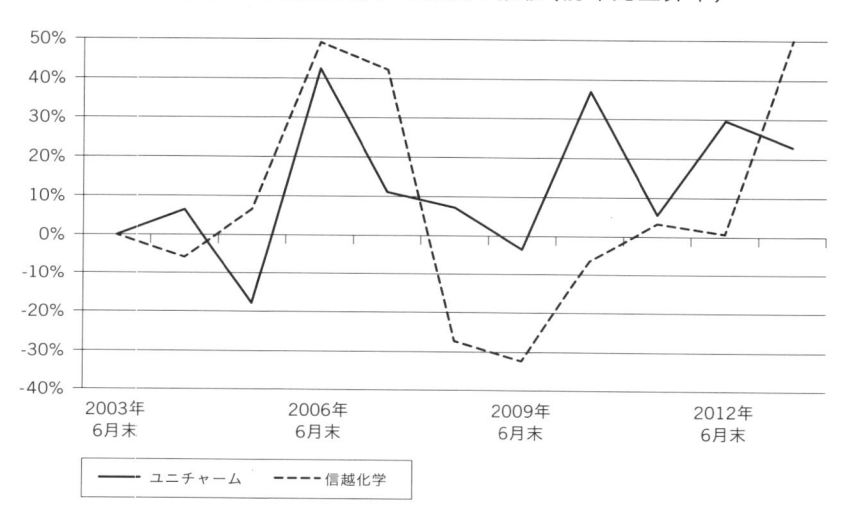

```
凡例: ユニチャーム（実線） ／ 信越化学（破線）
横軸: 2003年6月末 ～ 2012年6月末
縦軸: -40% ～ 50%
```

　このような「分散」は、たとえば日本の株式に投資をするときにたくさんの銘柄を組み入れようとか、アメリカの社債を買うときにはできるだけ多くの銘柄を買おうというような場合だけでなく、どの市場に投資をしようか考えるときにも有効です。

　日本の株にだけ投資をするのではなく、アメリカの債券にも、ヨーロッパの不動産にも投資をしようというのがそのような考えかたの例です。日本の株が大きく下がってもアメリカの債券の価格は大きく下がらないだろうし、アメリカの債券の価格が大きく下がってもヨーロッパの不動産価格は大きく下がらないだろうと考えるのです。これも含めて、投資対象を分散することによって、相対的なリスクを減らすのが分散投資の効果となります。

　ところで、同じように「分散」をする投資でも、**投資のタイミングを分散させるという投資の手法**があります。ファイナンスの理論的には、

狭い意味で用いる場合の分散投資には入りませんが、このような、いわば時間分散にも一定の効果が認められると考える人は多いのです。具体的には、同じ銘柄を買うのであっても、一時期にすべての金額を投資するのではなく、何度かに分けて買ったほうがよいという考えかたです。

　この考えかたの背景にあるのは、投資のタイミングを見極めるのは無理だというものです。
　たとえば株であれば、誰もがこれから株価が上がるという最善のタイミングで買いたいと思うものですが、そんなことは不可能です。ただ、不可能なのだから考えるだけムダだと諦めたとしても、すっ高値で買うのも癪に障ります。そのためには投資の、つまり、購入のタイミングを分け、一度にすべてのおカネを投資しないことが有効です。
　街のパン屋さんで、オーブンの具合かなにかで、焼きあがるタイミングが違うとパンの味が変わってしまうというようなケースと似ているかもしれません。当然、買う側としては一番美味しいパンが欲しいのですが、いつ、どのタイミングで焼きあがるパンが一番美味しいのかはパン屋さんにもわからないわけです。このような場合、必要なパンを一度に買うのではなく、何度かに分けて買えばいいでしょう。明日フランスパンが3本必要なのであれば、朝、昼、晩と3回に分けて買うのです。
　図2-2（次ページ）を見ると、毎年6月末に買うという前提であれば、信越化学の株を買うタイミングというのは、2004年6月末だったことがわかります。しかし、実際にはそんなことは後から振り返るからいえるのであって、事前にわかるものではありません。
　なので、たとえば、毎年6月末に1株ずつ10回に分けて買えば、2012年6月末の時点で平均の購入価格は5113円となっていたことになります。最高のタイミングであった3900円と比較すると1200円以上高いですが、たとえば、株価が上がっているからというので2007年6月末に買っていたら8810円とそれよりも3000円以上高いところで買っていた可能性もあるのですから、予知能力のない私たちにとっては、このようにタイミングを分散して投資をすることはそれなりに意味がある方法なのです。

図 ★ 2-2

ユニ・チャームと信越化学の株価の推移(6月末時点)

単位：円

	信越化学	ユニ・チャーム
2003年6月末	4,100	1,730
2004年6月末	3,900	1,813
2005年6月末	4,210	1,487
2006年6月末	6,220	2,107
2007年6月末	8,810	2,330
2008年6月末	6,580	2,517
2009年6月末	4,480	2,457
2010年6月末	4,175	3,343
2011年6月末	4,295	3,510
2012年6月末	4,360	4,545
2013年6月末	6,580	5,610
2012年までの平均	5,113	2,584
2012年までのドル・コスト平均法による平均取得単価	4,787	2,318

💲同じものを食べ続けると身体に悪いこともある

　時間的な分散投資の典型的な方法は**「ドル・コスト平均法」**と呼ばれるものです。さきほどは、投資のタイミングを分散する上で、毎回同じ株数（1株ずつ）としましたけれども、ドル・コスト平均法では**毎回、同じ金額で投資**を進めます。その効果は図2-2のとおりで、ドル・コスト平均法で買っていった場合には平均的な取得単価は4787円となり、1株ずつ買っていったときと比較して安くなっているのです。

　その理由は簡単です。毎回の投資金額を決めているので、ドル・コスト平均法では、安いときには買い付ける数量が多くなりますし、高いときには買い付ける数量が少なくなります。安いときにたくさん買っているので、平均の単価は下がるのです。

　ただ、ドル・コスト平均法には、同じ対象を買い続ける結果、銘柄や投資対象を分散するという意味での分散投資と反対に投資対象が集中してしまうという懸念が指摘されることがあります。本来であれば、いろいろな銘柄や市場に分散して投資することも有効なのに、特定の銘柄や市場を対象とした投資ばかりが増えていくというのです。

集中が特に問題になるのは、価格が下落し続ける場合です。価格が下落し続けている対象への投資は、どこかのタイミングで見限ることも必要なのに、ドル・コスト平均法で買い続けることにこだわって、どんどん深みにはまることもあるというわけです。

　確かに、平均の取得コストはどんどん下がっていくものの、価格が下落し続けている場合にはドル・コスト平均法によって投資をしても、（評価）損失の金額はどんどん膨らんでいきます。つまり、ドル・コスト平均法で投資をしたからといって、必ず儲かるものではないのです。

5 比較のためのベンチマーク
東京→大阪は新幹線より早いか遅いかで比較する

　投資や資産運用には、結果として、成功と失敗の両方が出てきます。しかし、成功・失敗をどうやって決めるのか、また、その程度をどうやって測るのかは、実は簡単ではありません。

　たとえば、株を買ったら1年間で10％価格が上昇したとしましょう。100万円で買った株が110万円になったのですから、これだけ見ると、この投資は成功だったように見えます。しかし、同じ期間に日経平均株価が50％上昇していたらどうでしょう？　それでも10％値上がりした株を選んだことは成功・正解だったのでしょうか？　そうではないでしょう。

　これは反対から見ても同じです。別の株を買ったら1年間で5％価格が下落したとします。100万円で買った株が95万円になったのですから、これだけ見るとこの投資は失敗だったように見えます。しかし、同じ期間に日経平均株価が30％下がっていたら、5％しか下がらなかった株を選んだことは成功・正解だったともいえるのです。

$ 大阪出張は飛行機、新幹線、バス？

　私たちの生活では、絶対的な評価もさることながら、**相対的な評価も重要**です。私たちは、他の人と比べてどうなのか、周囲と比較してどうなのかということがどうしても気になってしまうのです。

　同じことが資産運用の世界でもいえます。自分がいくら儲けても、他人がさらに儲けていたらおもしろくありません。逆に、自分が損をしていても他の人がもっと大きな損をしていたら、自分の損には納得してしまうのです。ただ、これは人間の卑しさが現れているだけではありません。ちゃんとアカデミックな理由があるのです。

　株式投資を考えてみましょう。

株式で、特定の銘柄を選んで投資をしようとする理由は、その銘柄の株式を買えば他の銘柄の株式よりも利益が上げられると思うからです。他の銘柄のほうが儲かるとわかっていれば、そんな株を買うわけはありません。

しかし、他のすべての銘柄ひとつひとつと比較するのは大変です。そこで、数多い「他の銘柄」を代表させるために、すべての銘柄を平均してしまえばいいのです。

実際、すべての銘柄を買うことができれば、わざわざ頭を使って銘柄選択をする必要がありません。頭を使わないでいいことと、頭を使うこと（ここでは銘柄選択）とを比較して、頭を使うことのほうが結果が芳しくないというのは、わざわざ頭を使う必要がなかった、頭を使った意味がなかったということにもなるのです。

ここでいう「すべての銘柄」、もしくはそれに近いコンセプトのことを**ベンチマーク**といいます。そのものずばり「比較する対象」という意味で、なぜ比較する対象になるのかといえば、他のすべての平均という特徴を持っている、あるいは「代表」的な性質を有しているからです。

みなさんの生活に即して考えてみると、たとえば、東京に住んでいる人が大阪に出張するのには、一般的には、新幹線での移動がベンチマークになるはずです。飛行機を利用するのであれば、羽田・成田までの移動時間、空港での待ち時間、伊丹・関空からの移動時間を調べた上で、東京・品川までの移動時間、新大阪駅からの移動時間を加味して比較することになるでしょう。値段が高いか安いかも、のぞみの料金との比較をすることが普通かと思います。高速バスで移動する場合には、価格、時間の他、深夜バスといった新幹線にはない特徴もありますが、これも新幹線がベンチマークになっているからできる比較なのです。

$ いつもお姉ちゃんと比べないで！

では、ベンチマークにはなにを選べばいいのでしょうか？　たとえば、兄弟や姉妹でどちらがテニスが強いかとか、どちらがピアノを上手に弾けるかという話になったとき、片方が幼稚園で他方が小学生とか、小1

と小6のように年齢が離れていると、2人を直接比較してもしょうがないでしょう。

　このような場合、同じ学年の子供たちの中でどのくらいかと考えるのが適切なはずで、たとえば2人とも同じテニス・スクールの同じ学年の子供たちの間では中くらいだとか、年齢に合ったピアノ教本の楽曲をふたりともすらすら弾けるといったように、それぞれ「同じような環境」の人たちの中での位置で判断するでしょう。テニスのジュニアやシニアの大会が年齢別になっていたり、レスリング、柔道、重量挙げといった競技が体重別になっていたりするのも同じ理由です。そもそも、男子と女子とが同じ場で競うスポーツがほとんどないのも同じことです。

　これは、投資や資産運用の世界でも同じです。
　たとえば、日本の株に投資をするのであれば、その成功や失敗を判断するときに、アメリカの社債と比較したり、ヨーロッパの不動産と比較をしたりしてもしょうがありません。**日本の株であれば、日本の株を対象としたベンチマークが適切**なのです。また、実際には日本の株のベンチマークも細分化されています。日本を代表する大企業であれば東証一部に上場していて、東証一部上場の企業を対象にしたベンチマークとしては日経平均株価がありますが、東証一部に上場していても日経平均株価に採用されていない銘柄もあります。

　たとえば、信越化学は日経平均株価の採用銘柄、つまり、日経平均株価を計算する際には信越化学の株価も考慮されていますが、ユニ・チャームは日経平均株価に採用されていません。「日経300」と呼ばれる指数であれば、両銘柄とも採用されているので、この2銘柄について同じベンチマークを用いるということであれば日経300を使うという方法が考えられます。

　また、東証一部に上場されている全銘柄を対象にした指数にＴＯＰＩＸ（トピックス）というものがあります。東証一部上場企業の株価はすべてＴＯＰＩＸに反映されますから、日本の株という意味では、ＴＯＰＩＸをベンチマークにすることも考えられるのです。

$ 隣の芝生の色は関係ないのか？

　ちなみに、日経平均株価とＴＯＰＩＸでは、計算のロジックが全く異なります。

　日経平均株価は原則として「平均株価」であって、企業の規模などと関係なく、株価を平均して求めます。たとえば、2012年6月末の信越化学の株価は4360円、ユニ・チャームの株価は4545円でしたから、平均株価は4452・5円でした。これが、2013年6月末にはそれぞれ6580円と5610円になっていましたから、平均株価は6095円となりました。平均株価の1年間の上昇率は36・9％だったのです。本当の計算は若干複雑ですが、日経平均はこのように算出されています。

　一方、**ＴＯＰＩＸは、株価そのものではなくて株式の「時価総額」**、つまり、その株の価値全部をつかまえようとします。時価総額は「株価×株数」で計算していて、簡単にいえば、市場のエネルギーが反映されると考えればいいでしょう。ＴＯＰＩＸ計算用の株数は、信越化学が約3億株、ユニ・チャームが約0・9億株なので、2012年6月末時点での時価総額はそれぞれ1兆3080億円と4091億円で合計1兆7171億円、2013円6月末時点ではそれぞれ1兆9740億円と5049億円で合計2兆4789億円となります。つまり、時価総額の合計の上昇率は44・4％でした。本当の計算はこちらも若干複雑ですが、ＴＯＰＩＸはこのように算出されているのです。

　本書の読者も日経平均のほうがなじみの深い人が多いでしょうけれど、ファイナンスの世界ではＴＯＰＩＸのほうがベンチマークとして優れていると考えることが多いです。それは、東証一部の銘柄をすべてカバーしていることと、発行株式数が多い会社についてはそのことも考慮されているからで、機関投資家等の運用と発想が近いからです。

　ＴＯＰＩＸでは東証一部上場銘柄だけしかカバーされませんから、それ以外の銘柄の比較に使うことはあまり適切ではありません。そのため、東証二部に上場している銘柄から算出される東証二部指数や、マザーズに上場している銘柄から算出されるマザーズ指数が東証から発表されるなど、小学生1年生と中学3年生とを比較することがないよう、さま

ざまな指数があるのです。

　つまり、「隣の芝生は青く見える」かどうかはともかくとして、隣の芝生は見えてしまうものであり、見えるのであれば青さを比較するのがベンチマークの役割の重要性といえます。
　若旦那の時計屋さんも、売上をデパートや量販店と比較することには意味がないと思っていますが、隣町の同じくらいの規模の時計屋さんの売上は気になります。「ライバル」というのは言い過ぎかもしれませんが、健全な比較はファイナンスでなくても重要ということなのでしょう。

無リスク金利

6 富士山の高さはどこから測る？

　株に投資をすると、儲かることもあれば損をすることもあります。これはベンチマークでも同じです。日経平均に投資することができたとしても、日経平均そのものが上がったり下がったりしますから、投資した後で日経平均が下がれば損をします。

　ただ、株は上がったり下がったりするものだということがわかっていても、実際に下がってみると納得いかない人が多いでしょう。なぜなら、**銀行に預金をしておけば利息がもらえるだけでなく、ほぼ確実に元本が減らない**からです。

　元本が減らないにしても利率があまりにも低いことを嘆いている人も多いでしょう。しかし、若旦那が大学生だった1990年には、銀行の1年の定期預金金利は6％程度でした。当時は銀行がツブれるとは誰も信じておらず、銀行預金は元本保証で安全なものと思われていたのですが、それでも、100万円を1年間預けたら1年後には税引前で利息が6万円付き、元利合計は106万円になるはずだったのです。

$ 富士山上空を飛ぶ飛行機の高度はどうやって測る？

　富士山の高さは3776mということになっていますが、あれは、どこから測った高さなのか考えたことがありますか？富士山に登山をするときのふもとから測っているのでしょうか、それとも、別の基準があるのでしょうか？

　山の高さは「標高」で示しますが、標高は海抜とほぼ同じ意味で、海面からの距離（高さ）です。これは、いわば「決めごと」です。決めごとですから、たとえば、地球の中心から測ったり、あるいは、首相官邸から測ったりしてもよかったのですが、海面からと決めているわけです。

　基準を決めることのメリットは、あらゆるものをそこからの距離で測ることが可能なことです。投資や資産運用では、それぞれの対象に応じ

たベンチマークを選ぶことが大切なのは (5) で説明したとおりですが、そうはいっても、私たちは株を買うこともあれば債券を買うこともありますし、日本の資産を買うこともあれば外国の資産を買うこともあります。

投資対象が大きく異なる場合には比較も慎重にしなくてはいけませんが、一方で、同じ人が投資をするのであればいろいろな手法間の比較をしないわけにもいきません。その場合、標高・海抜のような測りかたがあり、標高・海抜での海面のような基準があれば、意味のある比較が可能になるはずです。そのような基準が**「無リスク金利」**なのです。

無リスク金利とは、リスク無く稼げる金利という意味です。私たちにとっては、銀行に定期預金をしておけばほぼ間違いなく利息が稼げ、かつ、元本も保証されているという意味で、銀行預金のリスクはほとんどありません。なので、無リスク金利とは銀行の定期預金金利だと考えればいいでしょう。

なぜ無リスク金利が大切なのかというと、**無リスク金利よりも低い収益率しかない投資・資産運用は無意味**だからです。期待収益率を考えれば簡単で、仮に無リスク金利が 6% だとすると、期待収益率が 6% を下回る投資は存在しないはずです。この場合、すべての投資は、無リスク金利である 6% をどれだけ上回れるかという観点が重要になるのです。

飛行機の運航に際して、高度は地表からの距離ではなく、海抜で表示されます。なるほど、地表からの距離ということであれば、たとえば、平地では地表から 1 万メートル、富士山頂上空では地表から 7000 メートルといった形で飛行することもできるのでしょう。しかし、そのようなことは煩雑ですし、同じ時刻に同じ場所を飛行している航空機同士でないとどちらが高い場所を飛んでいるかを瞬時に把握することができません。海面という基準を決めてしまえば、仮にその決めかたそのものに合理性があってもなくても、比較が容易になるというメリットがあるのです。

富士山の高さと無リスク金利

「基準を決めないと高さは測れない」

$ タワーの高さなら平地から測れば大丈夫

　投資・資産運用で無リスク金利が基準としての役割を果たすのは、さきほども見たとおり、リスクを取らないのにおカネがそのペースで増えるからです。

　ところで、投資や資産運用の現場では、銀行間金利が無リスク金利として用いられることが多くあります。銀行間金利とは銀行間の定期預金の金利だと考えればよく、おカネを借りた側の銀行が破綻したらそのおカネは返ってこない可能性がとても高いといえます。それなのに、銀行間金利を無リスク金利とするのです。

　実は、あまりに厳密に「無リスク」を運用しようとしなくても、**ほぼ無リスクに近ければ基準としては利用できる**のです。無リスクであることは重要ですが、それにこだわることで比較が困難になるのであれば、その不完全さには目をつむって比較を容易にすることを選んでいると考えればいいでしょう。

　これは、東京タワーの高さ、スカイツリーの高さといったものが、海抜ではなくて地盤からの高さで測られているのと近い感覚です。地盤か

らの高さは正確には海抜とは違いますが、私たちが歩いているときに感じる傾斜とか高低差は自分のいる場所が基準になるのと同様で、地面からの距離で測っても感覚的な隔たりはないわけです。

💲ツブれない国はない

　銀行預金が基準として使いづらいのであれば、本当の無リスク金利というのは存在しないのでしょうか？　実はそうでもありません。

　たとえば日本であれば、日本政府が昔発行した国債で、償還までの期間が短くなっているものとか、あるいは、短期国庫証券といって発行から償還まで1年未満のものがあって、これらに投資をすれば元本（利息がある場合には利息も）は日本政府が保証していますから安全です。

　さきほど、日本で1年の定期預金金利が6％程度の時代があったことを紹介しましたが、同じ頃、預金でいえば1年定期の利率に相当する期間1年の国債の利回りは8・5％でした。日本の国におカネを預けて、1年後には日本政府がおカネを返してくれるという条件で100万円が108万5000円になるのです。この場合には、この8・5％を無リスク金利と考えるのもひとつのやりかたです。

　また、国債の利回りを用いると、期間が長い投資についても無リスク金利を考えることができます。確かに銀行でも長期の定期預金はあるのですが、あまり一般的ではなく、長期・安全な投資としては国債のほうが主であるため、期間が長い場合には国債の利回りを用いるのです。

　たとえば、1年の国債の利回りが8・5％だったころは、5年の国債だと8・2％、10年の国債だと8％くらいの利回りでした。このような場合、100万円を5年間運用するのであれば、その期待収益率が年率で8・2％を上回っていなければそんな投資をする意味はありませんし、10年の投資であれば期待収益率が年率で8％を上回っていなければ、リスクを取ってそんな運用をする意味はなかったのです。

　ただ、銀行に破綻の可能性があるのと同様、国についても破綻の可能性が理論上は存在します。これは日本やアメリカなど先進国でも同じで

す。第1章の(7)から(10)あたりで説明したとおり、国だって借金を返済しない、あるいはできないという状況は考えられるのです。実際、日本の格付けを最上位にしていない格付け会社もありますし、イギリス、アメリカ、フランスについても最上位ではない、つまり、程度の差はあれ債務不履行となる可能性があるとしている格付け会社はあるのです。

　ですから、さきほどの預金金利と同じように、国債の利回りも、本当の意味での無リスク金利ではありません。しかし、これもさきほどの預金金利と同じで、そこまで厳密に無リスクであることにこだわってもしょうがありません。また、本当の意味ではゼロでなくても実質的にはほぼゼロに近いのであれば、ゼロとして扱っても実務上の問題があるわけでもありません。

　実際、ファイナンスの世界では、1年までの期間であれば銀行間金利を無リスク金利とし、1年を超えた場合にはその通貨の国債利回りを無リスク金利と考えるのが一般的です。

ベンチマークとβ

7 ダイエットの効果は人それぞれ

　投資・資産運用をして利益が出た、損をしたというときには、元のおカネが増えたか減ったかを気にする人が多いでしょう。しかし、積極的な運用をしなくても、たとえば225銘柄を対象にしている日経平均株価と同じように動けばいいという考えかたをすれば銘柄選択の必要はありません。

　このことが理由で銘柄の選択をする上ではベンチマークとの比較が大切だ、というのが(5)で見た考えかたです。まったくリスクを取らないでもおカネが増えることを考慮して、無リスク金利も重要というのは(6)で見たとおりなのですが、多くの場合は、株だったら株を買うことは決めているわけですから、ベンチマークと比較すればまあいいでしょうということになるのです。

　もっとも、ベンチマークには別の側面もあります。

　たとえば、日経平均株価が上昇しているときというのは、日本の株式全体が活況なときでしょう。そのときには、多くの株価が程度の差こそあれ上がっているはずです。これは日経平均に限った話ではなく、ＴＯＰＩＸでも同じことがいえます。このことをベンチマークの議論と合わせて考えてみると、株というのは、適切なベンチマークと比較対照することで、その動きがかなりの程度まで説明できるのではないかという話になってくるのです。

$ 朱に交われば赤くなる

　株価がどうやって決まるのかにはいろいろな考えかたがありますが、業績がよくなれば株価は上がっていくというのはおおむね異議がないでしょう。実際には、業績がよくなったから株価が上がるのではなく、業績がよくなることが予想されるから株価が上がるという側面があります。したがって、業績のよい会社の株はすでに上がっていて、業績のよ

い会社の株を買えば儲かるとはいえないのですが、業績がよいことが株価を上げる材料であることには変わりありません。

　ところで、ある会社だけが業績がよくなるというのは、実はそれほど多いことではありません。
　たとえば自動車会社ですと、確かに車種の人気は会社ごとの差があるでしょうけれど、ある会社の乗用車だけが売れて、他の会社の乗用車が売れない、あるいは、パイの取り合いになって、ある会社の売上増が別の会社の売上減になるということは頻繁に見られるものではありません。
　ということは、ある特定の会社の株価だけが上がるというのは、それほど多いことではありません。むしろ、**ある会社の株価が上がっているときというのは、程度の差はあれ、他の会社の株価も上がっている**ものなのです。

　図2-3（次ページ）は、図2-2（94ページ）の信越化学、ユニ・チャームの2003年6月以降10年間についての毎年6月末の株価に、日経平均株価とＴＯＰＩＸとを併記したものです。
　図2-3を見ると、信越化学、ユニ・チャームともに、日経平均やＴＯＰＩＸと無関係に動いているわけではないようです。10年間で見ると、日経平均は1・5倍、ＴＯＰＩＸは1・3倍近くになっていますが、それに対して、信越化学の株価は1・6倍、ユニ・チャームの株価は3・2倍です。1年1年で見ると差はありますが、株式市場全体が好調（＝日経平均株価やＴＯＰＩＸが上昇）であれば、どちらの株も上がる傾向を持っているということはいえそうです。

図 ★ 2-3

ベンチマークとの対比（前年比上昇率）

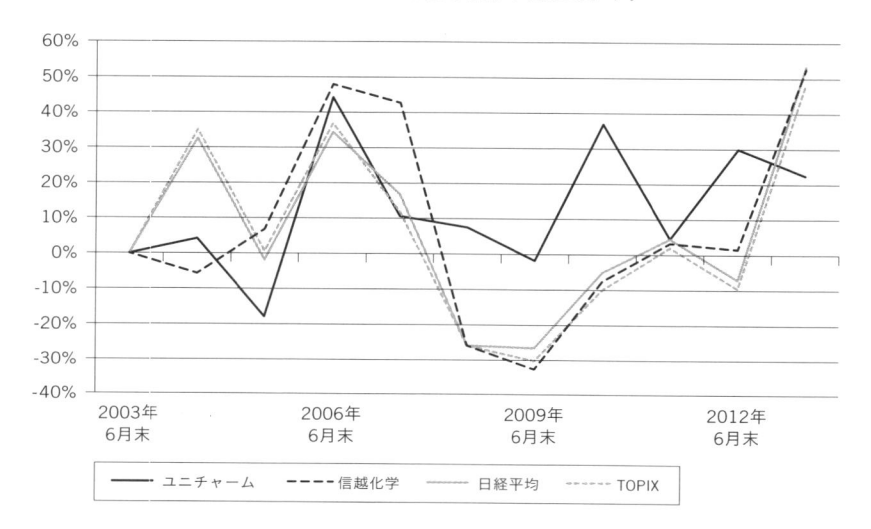

凡例：ユニチャーム、信越化学、日経平均、TOPIX

　もちろん、このことは反対の場合にもあてはまります。市場全体が不調で日経平均やＴＯＰＩＸが下がるときには、株価は下がりやすい傾向を持つのです。

　たとえば、信越化学の株価は2007年から2010年まで3年連続で下がっていますが、そのタイミングや下げ幅は日経平均、ＴＯＰＩＸの動きと似通っています。また、ユニ・チャームが下げている2004年から05年、08年から09年については、幅はともかくとして、日経平均、ＴＯＰＩＸともに下げているのです。

$ 朱に交わっても、ピンクの人と真っ赤な人がいる

　株式市場全体が好調であれば株価は上がりやすいし、株式市場全体が不調であれば株価は下がりやすいという結論には、あまり違和感はないでしょう。個別の株価が上がったり下がったりする背景には、その会社の個別の要因もさることながら、株式市場全体の好不調の影響があるのです。

ところで、(5)で説明したベンチマークは、おおまかにいえば、株式市場全体と似たものと考えられます。つまり、個別の株価というのは、ベンチマークの上げ下げと一定の関係を持っているはずです。
　信越化学株を05年6月末に買っていたら、1年間で株価が47・74％上昇しています。ここで日経平均をベンチマークとすると、この信越化学株の上昇は、33・85％という日経平均の上昇の影響を受けているでしょう。ユニ・チャームの株を2012年6月末に買っていたら、1年間で株価が23・43％上昇しています。ここでTOPIXをベンチマークとすると、このユニ・チャーム株の上昇は47・24％というTOPIXの上昇を受けているでしょう。

　ところで、**常にベンチマークよりも優れた投資成績を残す銘柄というのは、理論的には存在しない**はずです。そんな銘柄があればみんなが買うため価格が上昇し、期待収益率が下がるからです。
　ということは、ベンチマークが上昇するときにはベンチマークよりも速く・大きく株価が上がる傾向を持っている株は、ベンチマークが下落するときにも速く・大きく株価が下落する傾向を持っているはずです。逆に、ベンチマークが下落するときにはベンチマークよりも遅く・小さくしか株価が下がらない株というのは、ベンチマークが上がるときにも株価の上がりかたが遅く・小さくなるはずなのです。
　このようなベンチマークとの影響の受けかたのことを、ファイナンスの世界では**β（ベータ）**といいます。ベンチマークが10％上昇すると株価が10％上昇、ベンチマークが20％下落すると株価が20％下落、という株があるとその株のβは1となります。
　また、ベンチマークの変化の2倍反応するのであればβは2、逆に、ベンチマークの変化の半分しか反応しないのであればβは0・5ということになります。

　仮に、ひとつのデータしか見ないのであれば、βの計算は簡単です。信越化学の例であれば、日経平均が33・85％上昇したのに対して信越化学株が47・74％上昇していますからβは1・4となりますし、TO

ＰＩＸをベンチマークとした場合のユニ・チャーム株のβは０・５程度となるのです。

ちなみに、実際にβを計算するためにはもう少し複雑な計算をすることになっています。詳細は次の (8) で扱うことにして結論だけ紹介しておきますと、2013 年 6 月末までの 10 年間で毎年 6 月末の 1 年ごとの株価という極めてラフなデータから計算すると、信越化学の株価の上下は日経平均の上下とほぼ同じ程度、ユニ・チャームは半分程度ということになります。

計算が正しいかどうかはともかく、すべての銘柄は株式市場全体の動きの影響を受けます。そして、その**影響の受けかたは、実は銘柄ごとに異なる**のです。このように考えるとわかりやすいでしょう。食事の量を減らす、あるいは運動をしてカロリーの消費量を増やすと、他の条件が同じであれば体重は減るはずです。しかし、その減りかたは人によって差があります。株式市場全体の動きが食餌制限や運動量で、体重の減りかたが個別の株の動きだというわけです。

💲燃費はいいに越したことはない？

ある銘柄のβが大きければ、その分、株式市場全体が上昇したときのその銘柄の株価の上昇率は大きく、儲けは大きくなります。日経平均に対するβが 2 の株であれば、日経平均が 10％上がれば 20％、日経平均が 15％上がれば 30％、それぞれ株価が上がるというわけですから、株価が上がる場合には望ましい投資対象なのです。

しかし、βが大きいということは損も大きくなります。

ＴＯＰＩＸに対するβが 2 の株では、ＴＯＰＩＸが 10％下がれば 20％、ＴＯＰＩＸが 15％下がれば 30％、それぞれ株価が下がるというわけですから、株価が下がる場合には避けたい投資対象ということになります。

ですから、βが大きいということ自体は「燃費がいい＝望ましいこと」と考えてはいけません。βが大きい株では、株価の変化幅率がベンチマークの変化率よりも大きくなりますが、変化が大きいというのは (1) で見

たとおりリスクが大きいということです。リスクが大きい投資をするべき、あるいはするべきではないという理屈はなく、ハイ・リスク、ハイ・リターンの原則に従った上で投資の意思決定をするしかないわけです。
　ダイエットの話でいうと、ダイエットの効果が高い人というのは確かにダイエットの面ではいいのですが、そのような人は反対、つまり、食事の量を増やしたり運動量を減らしたりすると、すぐに体重が増える人でもあります。そのようなことを考えた上で、食事や運動について気を使わなくてはいけないんですね。

8 βとCAPM
空港にバスで行く理由は快適さ

　βが大きいことがリスクの大きさを示すのであれば、βの大きい株はリターンが高くない限り誰も買わないはずです。これは、ハイ・リスク、ハイ・リターンの考えから当然に導かれる考えかたです。

　ところで、ハイ・リスク、ハイ・リターンというのは、そもそも将来の投資・資産運用について考えるときに有効なものです。期待収益率が高い投資はリスクが高いし、リスクが高いのに期待収益率が低いような投資は誰もしないので価格が下がって期待収益率が高くなるのです。しかし、将来のリスクは誰にもわかりませんし、期待収益率は直接見ることはできません。そこで、過去のデータを用いてこれらの値を推定しようとするわけです。

　ＣＡＰＭと呼ばれる手法は、このことを利用して、個別の株式の期待収益率を推定しようとする試みです。ＣＡＰＭはキャピタル・アセット・プライシング・モデルの略で、「キャップ・エム」と読みます。

$ 周りからの影響の受けかたは人によって違う

　ＣＡＰＭでも、さきほどの (7) で見たβの考えかたが使われています。多くの銘柄は株式市場全体の影響を受けて動いていますが、その影響の受けかたは銘柄によって異なります。市場全体の動きに対して敏感に反応する銘柄はβが高く、反応が鈍感な銘柄はβが低いということになるのです。簡単にいえば、βが大きい株は値段が激しく動きやすく、βが小さい株は値段の動きがおとなしいわけですから、となると「**βが大きい＝予想が外れやすい＝リスクが高い**」のですし、「**βが小さい＝予想が外れにくい＝リスクが低い**」のです。

　個別の銘柄のリスクについては、(1) で見たとおり、収益率の標準偏差を用いて計測するのが普通です。では、一般的な意味でのリスクと、ＣＡＰＭでのβで表されるリスクはどう違うのでしょうか。

答は「捉えようとしているコトは同じだけれども、捉えかた（見かた）が違う」です。というのも、**ＣＡＰＭで見つけようとしているのは「要求される（期待）収益率」**だからです。

　(3)で説明したとおり、ファイナンスの世界ではハイ・リスク、ハイ・リターンが成り立ち、平均的な収益率が高い投資・資産運用は、高いリスクを取らなくてはいけません。これをベンチマークとの比較で言い換えると「ベンチマークよりも大きなリスクを取る運用をしない限り、平均的にベンチマークを上回ることはできない」あるいは「ベンチマークを上回るリターンを平均的に得るためには、ベンチマークよりも大きなリスクを取る必要がある」となります。**「ベンチマークよりもリスクを抑制すれば、平均的にはベンチマークを下回る運用にしかならない」**といっても同じです。そして、ベンチマークよりもリスクが高いかどうかというのはβを見ればわかります。

　ところで、ベンチマークといえども投資・資産運用ですから、予想される平均的な収益率はプラスです。ベンチマークは市場全体を代表するものですが、たとえば株に投資することが平均的に資産を失うと思われていたら誰も株には投資をしないため、ベンチマークに予想される平均的な収益率はプラスでなくては理屈に合わないからです。これは、ベンチマークには、一定の「要求される（平均的な）収益率」があるということです。

　ベンチマークにも一定の収益率が要求されますし、個別の銘柄の収益率はベンチマークとの関係であるβによってその大小が決まります。この２つを組み合わせると、結局、**「個別の銘柄に要求される（平均的な）収益率」は、ベンチマークの収益率とβとから決まることになる**のです。

　今の関係を表したのが図2-4（次ページ）です。βが２の銘柄とβが0.5の銘柄を、ベンチマーク（つまり$\beta=1$）との比較で表したものです。

　この図2-4の見かたですが、βの高い銘柄、ベンチマーク、βの低い銘柄、これらが**「いつも同じ方向に動く」**という意味ではないことに気をつけましょう。ベンチマーク（株式市場全体）の動きに対する感度

図 ★ 2-4

ベンチマークとβの関係

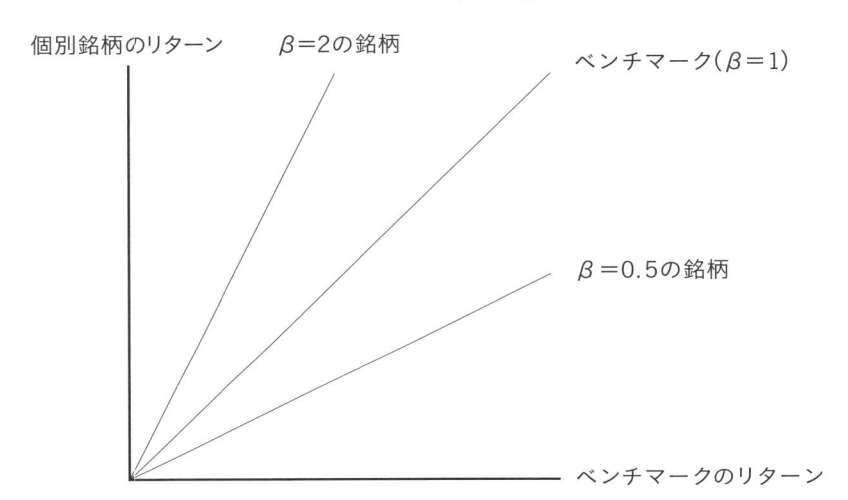

（個別銘柄のリターン／β＝2の銘柄／ベンチマーク(β＝1)／β＝0.5の銘柄／ベンチマークのリターン）

と考えると、すべての銘柄がつねに同じ方向に動き、単に程度しか違わないことを示す図のように見えますが、そうではありません。口幅ったい言いかたですが、株式市場全体との連動性というのは、平均的・長期的にはそういう傾向が見られるというだけであり、常に同じように動くわけではありません。

仮に、常に同じように動くのであれば(4)で見た分散投資の効果がなくなってしまいます。**βの使いかたは、あくまでも、ベンチマークと比較したリスクの程度を測り、そのリスクに見合った（期待）収益率はどの程度が適切なのか、つまり、適切な要求収益率を知るためなのです。**

$ 高台で坂の角度を測る意味

ＣＡＰＭを図示するときには、**図 2-5** のような形を用いるのが一般的です。図 2-4 は銘柄間の関係をわかりやすく図示したものですが、図 5 は「リスクとリターンの関係」を示しています。

βの大小がリスクの大小を示すことはさきほどから説明しているとおりですが、図 2-5 はＣＡＰＭという観点からハイ・リスク、ハイ・リター

ンを示しています。βが1のときの株式市場全体（＝ベンチマーク）の収益率があり、βが大きければ要求される収益率はその分ベンチマークから平均的に予想される収益率を上回り、βが小さければ要求される収益率は小さくなるのです。

ただ、(6) で見たとおり、リスクをゼロにしても得られる儲けとして無リスク金利があるため、βがゼロの場合であっても要求される収益率は無リスク金利の分プラスとなります。

ちなみに、βを株式市場の動きに対する感応度という意味で捉えれば、βがマイナスになるということは、株式市場から平均的に予想される収益率が（無リスク金利を上回ってさらに）プラスであるため、わざわざ損をする取引をすることになります。長期的には合理的な行動ではありません。

図 ★ 2-5

CAPM

期待収益率（リターン）

市場の
期待収益率

無リスク
金利

$\beta = 1$

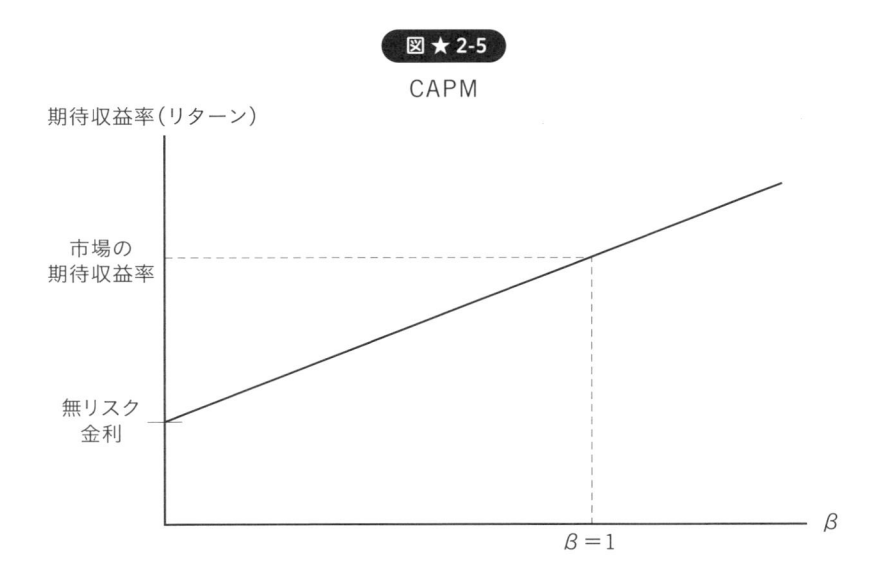

β

図 2-5 からわかるとおり、ＣＡＰＭでいうβを正確に測定するためには無リスク金利を考慮することになります。無リスク金利を稼げるのは当然なので、無リスク金利を超える収益率がどの程度あるのかを、株式市場全体（＝ベンチマーク）と個別株式とで比較し、両者の関係を捉

第 2 章　資金を運用する側から見たファイナンスの理論

えようとするのです。

　これは、坂の角度を測るのに、標高を基準にしないで坂の下の平地から測るようなものです。坂を上るときのきつさは、海面からの高さではなく平地からの角度によりますから、海面を基準にすることはナンセンスなのです。この点を踏まえて図2-4を少し変形すると図2-4'となります。

図 ★ 2-4'

ベンチマークとβの関係（無リスク金利での修正）

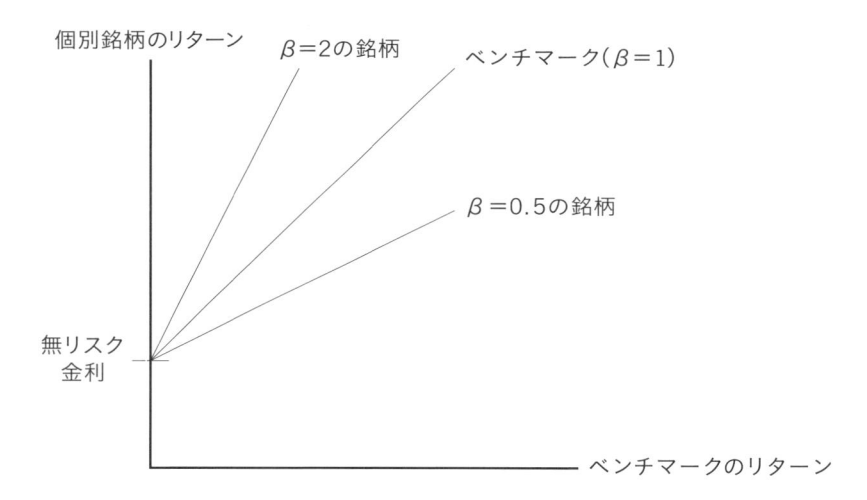

[図：縦軸「個別銘柄のリターン」、横軸「ベンチマークのリターン」。縦軸上の「無リスク金利」の点から3本の直線が右上に伸びており、それぞれ「$\beta=2$の銘柄」「ベンチマーク（$\beta=1$）」「$\beta=0.5$の銘柄」とラベル付けされている]

　念のために繰り返しますが、図2-4、図2-4'は、ベンチマークの上昇・下落と、βの高低による個別銘柄の上昇・下落との平均的な関係を示していて、βが高ければ値動きの幅が大きくてリスクが高いことを、βが小さければ値動きの幅が小さくてリスクが低いことを、示しています。図2-5はそれを踏まえてβをリスクの程度と捉え、リスクが高いということは要求されるリターン（期待収益率）も高くなければならないことを示したものです。

　こういうふうに考えるとわかりやすいでしょう。空港に向かうのに鉄道とバスという選択肢がある場合、ベンチマークは鉄道による移動時間

で、無リスク状態は「空港に着く」ということでしょう。どちらも、徒歩で行くよりはマシというところが無リスクでも達成できるリターンです。この場合、バスは道が空いていて予定よりも早く着く可能性がありますが、渋滞で時間が余分にかかることもあります。つまり、βは1を超えているわけで、その分、要求されるリターンは高くなります。

空港までの交通とベンチマーク

電車で行けるのにバスで行くには、理由がある

ここで要求されるリターンというのは、たとえば、必ず座れるというのがそうでしょうし、また、荷物を持って乗り換える必要がないというのもそうです。そのようなことがない限り、誰もバスには乗らないはずなのです。

$ だいたい世の中、理屈どおりにいくわけがない

　ある個別銘柄についてβがわかり、無リスク金利がわかり、かつ、株式市場全体について予想される平均的な収益率（無リスク金利を上回る分）がわかれば、その個別銘柄についてのあるべき収益率がわかります。実際の期待収益率がＣＡＰＭで計算されるものを下回っていればその銘柄には投資をすべきではありませんし、上回っていれば投資をしてもいいということになります。

　しかし、実際にはこのような使いかたをされることはまずありません。その理由は、予想される平均的な収益率である「期待収益率」も「β」も将来についてのものなのに、**将来のことは誰にもわからないからです**。つまり、本当のβは誰にもわかりません。これは、(1)から(3)あたりで見た内容とも通じるのですが、ファイナンスで問題にしたいリスクとかリターンは将来のものであるのに、将来のことを事前に知って行動することができないのですから、どうしても科学的になりません。

　若干抽象的な言いかたになってしまいますが、式は正しくても、無リスク金利以外の要素がどれも予想でしかないため、どれひとつとして事前に確定させることはできません。βも、株式市場全体に要求される収益率も、個別の銘柄に要求される収益率も、どれも多くの人の思惑を反映しながら変わっていくものなので、ひとつに決めることは無理なのです。

　なので、ファイナンスの世界でのＣＡＰＭの実際の利用は、限定的な場面でしか見られません。過去の株式市場の動きから市場全体（ベンチマーク）に要求される収益率を計算、また、過去の株式市場と個別銘柄の動きからβを計算することで、その個別銘柄に要求される収益率を算出します。その上で、その会社に投資する株主が想定している（＝要求するであろう）収益率を求めるのです。

　今の説明から、この方法が決して科学的ではないことがわかると思いますが、その点については資本コストを計算することで企業の価値を導こうとする第4章(5)で詳しく見ることにしましょう。

若旦那　「なるほど、儲けようとすると大胆にならなくてはいけないけれど、大胆になったからといって儲かるとは限らないどころか、エラい損をするかもしれないんですね」

ご隠居　「そうそう。株式市場で運用をしている人たちも同じような意思決定を常に迫られているんだね」

若旦那　「でも、分散投資とかベンチマークといった考えかたは、私たちでも同じですよ。逃げ道がなければいざというとき大変だし、どうしても他人と比較しちゃうなんて、人間の心理そのものですよね」

ご隠居　「そうだね。また、リスクが高いのだとすると要求するリターンも高くなるんだけど、『どの程度』っていうのが難しいね」

若旦那　「理屈は正しくても、その理屈への数字の当てはめは大変なんですね」

第3章
資金を調達する側から見た
ファイナンスの理論
「借りられるだけ借りるのが賢いってほんと？」

第 3 章　資金を調達する側から見たファイナンスの理論

　第2章では、資金を運用する側の理屈として、投資や資産運用に関する考えかたを見てみました。若旦那も個人では銀行預金をしていますし、お亡父さんが亡くなったときの生命保険の保険金も、もともとはお亡父さんが存命中に払っていた保険料を保険会社が運用していたものが基になっているわけですから、私たちは資金の運用に無縁ではいられないのです。

　もっとも、若旦那がファイナンスで関心があるのは、資金を調達する側です。個人的には住宅ローンという形で銀行からおカネを借りていますし、時計屋さんのほうでも、運転資金の都合で一時的に銀行から融資を受けることがあります。また、今後、時計屋さんを大きくしていくためには、なんらかの形でおカネが必要になるのではないかとも感じています。

　ここでは、会社が必要とするおカネという観点から、資金を調達する側から見たファイナンスについて考えていくことにしましょう。

若旦那　「ご隠居、うちの時計屋ももっと規模が大きくなったら上場を考えたほうがいいんですかね」

ご隠居　「いきなりどうしたんだい。そりゃ、上場したら格好はいいけれど、いろいろと大変なことも多いんだよ」

若旦那　「いやー、大学のときの友人が5年くらい前に大企業からちっちゃな会社に転職して、その後どうしてるかなぁーと思っていたら、その会社、最近上場していて、そいつ、今では上場会社の部長さんなんですよ」

ご隠居　「そうか。上場すると株を発行して資金を調達したりできるから、規模が大きくなっている会社にはメリットなんだろうね。でも、今の規模でやっていく分には、おカネなんてそうはいらないだろ」

若旦那　「それはそうなんです。個人のお客さんが多いので売掛金はカード会社しかないですし、仕入れも現金払いというわけではありませんからね」

ご隠居　「ま、銀行からあんまり借りると後が大変だから、本当に事業を大きくするときには増資も検討すべきなんだろうけどね」

　若旦那は現段階では時計屋さんを大きくするつもりはないのですが、友人の成功に刺激を受けて、少し事業欲のようなものが出てきました。そのためにはやはりおカネが必要で、さらにそのためにはファイナンスの知識を身に付けなくては、と思うのでした。

株式と配当金
1 プロ・スポーツで一番エラいのは選手ではない?

　若旦那の時計屋さんは、株式会社です。世界的に著名な大企業である全日空やパナソニックも株式会社です。街の時計屋さんも、グループ全体で3万2634人（全日空）、29万3742人（パナソニック）の従業員を抱える上場会社も、会社の形としては同じなのです。

　なお、全日空は2013年4月1日から持株会社化してＡＮＡホールディングスになっています。なので、本書では、一般的な記述としては、そのまま「全日空」とし、個別の事実と関連するところは「ＡＮＡホールディングス」とします。若干混乱させるかもしれませんが、ご容赦ください。

　若旦那は、上場会社が株式会社だというのはもちろん知っていましたし、自分の時計屋さんが株式会社であることもわかっています。しかし、全日空やパナソニックと自分の時計屋さんとが「同じ」だということはどうもピンときていません。

💲 株式会社で一番エラいのは社長ではない

　若旦那の時計屋さんには、繁忙期のときだけバイトにきてもらうことがありますが、いわゆる「従業員」はいません。ですから、「社長」とか「専務」という言葉がお店で飛び交うことはありません。

　ただ、一般的に中小企業と呼ばれる上場をしていない会社であっても、1年の売上が何十億円もあり、100人以上の従業員を抱えていて、会長や社長の他、専務、常務、ヒラ取締役と何人も役員がいる会社もあるようです。これが上場企業ともなると、会長や社長は1人ずつでしょうが、副社長が複数、専務や常務もたくさんいて、さらにやれ部長だ課長だと会社の中での序列があるのが普通です。

　では、会社で一番エラいのは誰でしょうか？

若旦那の時計屋さんでは若旦那が一番エラいですし、中小企業だと社長か、社長のお父さんが引退せずに会長でいれば会長が一番エラいと思われているかもしれません。実際、上場会社で一番エラい人は誰？と聞かれれば、多くの人が社長と答えることでしょう。
　しかし、それは正しくありません。昭和40年以前に生まれた読者がいれば、1982（昭和57）年に大手の百貨店で社長が解任された事件を覚えているでしょう。最近でも、2013年6月に、別の造船会社との合併を推進していた重工大手の社長が解任されています。誰かに解任されることがあるということは、その誰かのほうが社長よりエラいことを意味しているのです。

　株式会社の社長は、法律的には「代表取締役」であることがほとんどです。「代表」というのは、対外的、つまり、その会社と取引をする外部から見たときに「会社の顔」となるという意味です。法律上、**代表取締役は取締役の中から互選**、つまり、複数いる取締役の多数決で決まることになっています。
　取締役が集まる正式な会議を「取締役会」といいますが、代表取締役は取締役会で、取締役の中から選ばれるのです。また、取締役会が自分達の中から代表取締役を選ぶことができるということは、取締役会が別の代表取締役を選び、今いる代表取締役を「代表取締役でない取締役」に戻すこともできるのです。
　つまり、法律的には、社長である代表取締役の立場は、取締役の会議である取締役会が決めるのですから、**代表取締役よりも取締役会のほうがエラい**のです。
　社長が「解任」されるというメカニズムはここにあります。社長というのは法律的な考えかたではありませんが、どの会社でも社長を名乗るのは代表取締役と決まっていることがほとんどです。ですから、取締役会によって「代表取締役でない取締役」にされると自動的に社長でなくなるわけです。

　では、取締役会のメンバーである取締役には誰がなるのか？

法律的には、**取締役を選ぶのは株主**で、実際には「株主総会」という会議をやって多数決で決まります。多数決といっても人数の多数決ではなくて株数の多数決ですから、要するに、株をたくさん持っていれば、多数決によって、取締役を決めることができます。つまり、**会社で一番エラいのは株主**なのです。

　しかし、多くの中小企業では社長がイバっているでしょう。ある程度規模が大きくなると、中小企業でも親族以外の取締役がいるはずですが、それを怖がっているフシはないはずです。それは、中小企業の社長はその会社の株式の過半数を実質的に握っているからです。株式の過半数を握っていれば、取締役には自分の好きな人を選ぶことができますし、取締役の任期が来たら再任しないという選択ができます（株主総会を開いて取締役を解任することは面倒なので、あまり一般的ではありません）。つまり、中小企業で社長がイバっているのは、社長だからイバっていられるのではなく、その向こう側に、株主の立場という裏付けがあるのです。「おカネを出している人がエラい」というのは、いろいろな局面で見ることができます。典型的なのはプロ・スポーツの世界で、どれだけ実績のある選手であっても「契約」してもらえなければおまんまの食い上げです。

　プロ・スポーツは多くの場合は株式会社（海外では株式会社と同様の組織）になっていて、おカネを出してビジネスとして運営している人がいます。ある選手と契約するかどうかはビジネスという観点から判断されるわけで、ビジネスをやるためにおカネを出している人が最終的な権限を持っているというわけです。

$ コロンブスの冒険にもおカネの裏付けがあった！

　株式会社の株主が会社の社長よりエラいというのは、上場会社の株を少しだけ持っている場合にはピンときづらい感覚でしょう。たとえば、全日空の持株会社ＡＮＡホールディングスの発行済み株式数は35億株以上ある一方、ＡＮＡホールディングスの株は1000株から買うことができますから、最小単位の株を持っていても会社の持ち主としては「35

億分の 1000」(350 万分の 1) であって、それだけではいくら株主であっても会社をどうこうすることはできません。パナソニックはもっとすごくて、発行済み株式数は 24 億株以上ある一方で売買の最小単位は 100 株ですから、最小単位の株主は「24 億分の 100」(2400 万分の 1) でしかないのです。

　ただ、それは個々の株主という意味であって、株主全体で見れば、やはり会社の社長よりもエライのです。

　その理由は、事業にはおカネがかかるからです。

　コロンブスが（結果として）アメリカ大陸に向かうことになった航海では資金調達で苦労をしたことが知られていますが、株式会社の株主というのは、冒険に対する資金支援と似ています。

　コロンブスの航海は成功が保証されていたわけではなく、資金支援をしてもそのおカネをすべて失う危険がありましたから、むこうみずな計画に簡単におカネを出すわけには行きません。ですから、おカネを出すにあたっては、コロンブスが見つけた土地の権益をスペイン王室が得ることになっていたのです。

社長よりも株主のほうがエライ

アメリカ大陸とヨーロッパ文化とを結びつけるきっかけとなったのはコロンブスという「人」なのでしょうけれど、実際にメリットを受けたのはおカネを出した（現在の）スペインであって、現在、アメリカ大陸ではブラジルを除いたメキシコ以南の国でスペイン語が主な言葉になっていることがその証拠です。

どんな大きな会社でも、元は、**事業をやるためのおカネを集めることが必要だった**はずです。そのときにおカネを出したのが株主で、株主であることを表すのが株です。株主は、なんの見返りも求めずにおカネを出すわけではなく、事業がうまくいったときには配当としてその利益を自分のものにできるからおカネを出すのです。

ところで、コロンブスの航海に際しては、コロンブスはスペイン王室の雇われ人のような形になっていました。具体的には、見つけた土地と、その土地から得られる利益、それぞれの10分の1を得ることになっていたのです。このことは、航海という事業を実際に行なっているのはスペインの王室であって、コロンブスはその指揮を執っているに過ぎなかったということを意味します。

株主と取締役（取締役会や代表取締役を含みます）の関係も似ていて、株主のおカネで事業が行なわれますが、そのためには指揮官が必要なため、株主が取締役を選んで経営を任せているのです。

$ 儲けを分けるときには税金がかかる

株式会社が利益を上げても、**その利益は実際には株主のもの**と考えるのが自然です。というのも、株式会社は株主からのおカネがないとそもそも存在せず、株主は会社の持ち主ですから、利益が持ち主のものなのは当然なのです。

たとえば従業員の給料は、その意味では、株主が利益を生むためのコストとなります。コロンブスが航海をする上では、当然、船員への給料や燃料代といったコストがかかるわけですが、それを除いたものがスペイン王室の利益となったわけです。

ところで、会社が利益を上げると、その利益には税金がかかります。

これは日本に限ったことではありません。つまり、会社の利益は株主のものといっても、実際には、まず**国などが税金の形で持っていく**のです。

　これにどのような効果があるのか、簡単な数字で見てみましょう。
　仮に、株主が要求する収益率が年率で20％だとしましょう。株主が要求する収益率はおそらくＣＡＰＭ（前章の(8)を参照してください）などから導くことになります。
　では、株主が1000万円を出資して作った会社が株主のために20％利益を上げようとすると、この年の利益は200万円でいいのでしょうか？
　200万円でよければ、300万円で仕入れたものを500万円で売ればいいことになります。しかし、実はそうではありません。なぜなら、会社が200万円の利益を上げると、そこから税金が引かれるからです。
　日本の会社の利益に対する実質的な税率は財務省によれば35・64％ですから、これを差し引いた上で200万円の利益を上げないと、株主から見た収益率は20％にならないのです。ということは310万円以上の利益を税引前で上げなくてはいけません。
　たとえば、**全日空**は2013年3月末までの1年間で約709億円の利益（税引前）を上げています。そして、この利益に対して約291億円の税金を払っていて、税引後の利益は418億円まで下がっています（**参考資料3-1**、次ページ）。
　また、**パナソニック**は税引前で3984億円の赤字になっていましたが、さまざまな理由でさらに法人税等が3847億円あり、他の調整項目があったものの税引後の損失は7752億円まで膨れています（**参考資料3-2**、次ページ）。

第 3 章　資金を調達する側から見たファイナンスの理論

参考資料 ★ 3-1

全日空の利益と税金

損益計算書　　　　　　　　　　　　　　　　　　　　　　　　　　　　　　　　　単位：百万円

	前連結会計年度 (自 2011年4月1日 至 2012年3月31日)	当連結会計年度 (自 2012年4月1日 至 2013年3月31日)
税金等調整前当期純利益	63,431	70,876
法人税、住民税及び事業税	4,967	9,294
法人税等調整額	30,283	19,776
法人税等合計	35,250	29,070
少数株主損益調整前当期純利益	28,181	41,806
少数株主利益又は少数株主損失	3	△1,334
当期純利益	28,178	43,140

(同社発表資料より作成)

参考資料 ★ 3-2

パナソニックの利益と税金

損益計算書　　　　　　　　　　　　　　　　　　　　　　　　　　　　　　　　　単位：百万円

		2011年度 (自 2011年4月1日 至 2012年3月31日)	2012年度 (自 2012年4月1日 至 2013年3月31日)
売上高		7,846,216	7,303,045
売上原価		5,864,515	5,419,888
売上総利益		1,981,701	1,883,157
販売費及び一般管理費		1,937,976	1,722,221
営業利益		43,725	160,936
営業外損益	受取利息	13,388	9,326
	受取配当金	6,129	3,686
	その他の収益	44,124	91,807
	支払利息	△28,404	△25,601
	長期性資産の減損	△399,259	△138,138
	のれんの減損	△163,902	△250,583
	その他の費用	△328,645	△249,819
	営業外損益合計	△856,569	△559,322
税引前利益		△812,844	△398,386
法人税等	当年度分	69,206	66,532
	繰延分	△59,439	318,141
	法人税等合計	9,767	384,673
持分法による投資利益		6,467	7,891
非支配持分帰属利益控除前当期純利益		△816,144	△775,168
非支配持分帰属利益		△43,972	△20,918
当社株主に帰属する当期純利益		△772,172	△754,250

(同社発表資料より作成)

法人税があるため、会社は、儲けから税金を払わなくてはいけません。そして、**株主が認識できる会社の儲けは税金を引いた後の利益**です。なので、会社は、相当がんばって利益を上げないと、株主の要求するような収益にはとどかないことがあるのです。

　なお、株主の要求する収益というのは、配当金という形で会社からおカネで受け取る必要はありません。これは、今後も出てくるコンセプトなのでしっかりと理解してください。

　会社が利益（税引後）を上げていれば、その利益は会社の持ち主である株主のものなのですから、そのおカネが会社の中にとどまっていても、配当金という形で株主に支払われても、株主にとっては同じことなのです。

　また、上場会社であれば、配当金が支払われなくても株価が上がれば株主にとっては同じことですが、理論的には、会社が税引後でも利益を上げて、それを配当しない場合には、その分会社の価値が上がって株価も上がります。なので、**配当金を払うかどうかではなく、会社がきちんと利益を上げるかどうかが重要**なのです。

　みなさんが生活する上でも、給料には税金がかかります。生活する上で必要なおカネは税金が引かれた後で賄わなくてはいけません。その意味では、株式会社の株主同様、重要なのは税引後の手取りなんですね。

借入・社債の利息と元本償還
★2 (当たり前だが)住宅ローンは返済しなくてはならない

　会社が事業を行なうにはおカネが必要で、そのタネ銭を出すのが株主です。コロンブスのアイデアがどれだけ素晴らしかったにせよ、スペイン王室のおカネがなければ西に向かって航海していくという企てはできなかったのです。

　株主は株式会社の持ち主であって、株式会社の儲けは株主のものと考えることができます。同じように、スペイン王室はコロンブスの冒険におカネを出すことによって、アメリカ大陸での大きな権益を手にしたのです。

　さて、株主からのおカネだけでは、計画している事業に不足する場合にはどうしたらいいでしょう？

　ひとつの手段は単純にその計画を縮小する、あるいは諦めるというものです。家を買うのに全額を自分のおカネで賄うと決めているとき、3000万円のマンションを買いたくても手元に1000万円しかないのであれば、とりあえずマンションを買うのを諦めるか、1000万円で買えるマンションを買うか、という考えかたです。

　もうひとつの方法は、おカネを借りることです。金融機関が住宅ローンを貸してくれるのであれば、自分で貯めたおカネに足すことで、希望のマンションが買えるかもしれないのです。

$ 会社は土地や建物をどうやって買っているか

　会社が事業を始めるときには、株主からのタネ銭が必要です。株主は、すべてのおカネを失うかもしれない覚悟で出資をしますが、その代わりに、会社が儲かったら、その利益は自分のものと考えます。また、自分のおカネを守るために、経営陣を取り替えることもできます。

　一方、すべてのおカネを株主が出すというのは、必ずしも現実と一致

していません。たとえば、**全日空**は、2013年末時点で株主からの出資と、これまでの利益のうち配当として払っていない金額との合計（株主資本合計）が7495億円ありましたが、社債が1250億円、借入金が7326億円ありました（**参考資料3-3**）。**パナソニック**も株主からの出資等（当社株主資本合計）が1兆2640億円ありましたが、借入や社債などの残高が1兆1434億円あったのです（**参考資料3-4**、次ページ）。

参考資料 ★ 3-3

全日空の資金調達

貸借対照表
単位：百万円

			前連結会計年度 （2012年3月31日）	当連結会計年度 （2013年3月31日）
負債の部	流動負債	支払手形及び営業未払金	180,804	158,226
		短期借入金	ー	250
		1年内返済予定の長期借入金	115,962	110,589
		1年内償還予定の社債	ー	20,000
		リース債務	11,443	11,762
		未払法人税等	3,912	7,246
		繰延税金負債	ー	100
		賞与引当金	30,841	22,436
		独禁法関連引当金	116	116
		資産除去債務	1,146	699
		その他	116,821	126,963
		流動資産合計	461,045	458,387
	固定負債	社債	95,000	105,000
		長期借入金	716,663	621,806
		リース債務	24,589	27,727
		繰延税金負債	1,787	1,701
		賞与引当金	2,382	2,359
		退職給付引当金	126,075	130,790
		役員退職慰労引当金	591	357
		資産除去債務	1,027	801
		その他	18,552	15,214
		固定負債合計	986,666	905,755
		負債合計	1,447,711	1,364,142
純資産の部	株主資本	資本金	231,381	318,789
		資本剰余金	195,723	281,969
		利益剰余金	117,622	150,663
		自己株式	△4,089	△1,898
		株主資本合計	540,637	749,523

（同社発表資料より作成）

第 3 章 | 資金を調達する側から見たファイナンスの理論

参考資料 ★ 3-4

パナソニックの資金調達

貸借対照表
単位：百万円

		2011年度 (2012年3月31日)	2012年度 (2013年3月31日)
負債の部			
流動負債	短期負債及び1年以内返済長期負債	633,847	480,304
	支払手形	53,243	52,205
	買掛金	797,770	739,581
	未払法人税等	32,553	32,162
	未払人件費等	204,842	201,460
	未払費用	749,495	713,314
	得意先よりの前受金及び預り金	71,102	75,669
	従業員預り金	7,651	6,610
	その他の流動負債	329,001	297,854
	流動負債合計	2,879,504	2,599,159
固定負債	長期負債	941,768	663,091
	退職給付引当金	566,550	621,802
	その他の固定負債	235,667	209,487
	固定負債合計	1,743,985	1,494,380
	負債合計	4,623,489	4,093,539
資本の部			
当社株主資本	資本金	258,740	258,740
	資本剰余金	1,117,530	1,110,686
	利益準備金	94,512	96,259
	その他の剰余金	1,441,177	673,604
	その他の包括利益累積額	△735,155	△628,229
	自己株式	△247,018	△247,028
	当社株主資本合計	1,929,786	1,264,032
非支配持分		47,780	40,241
	資本合計	1,977,566	1,304,273
契約残高及び偶発債務			
	負債及び資本合計	6,601,055	5,397,812

(同社発表資料より作成)

　この関係を簡単に描いたのが**図 3-1**（右ページ）です。会社は、土地、建物などいろいろな資産を保有していますが、その資産を買うために必要なおカネは株主から調達したものだけではありません。銀行からの借入、社債の発行等で調達しているおカネもあるのです。

図 ★ 3-1

会社の資産とおカネ

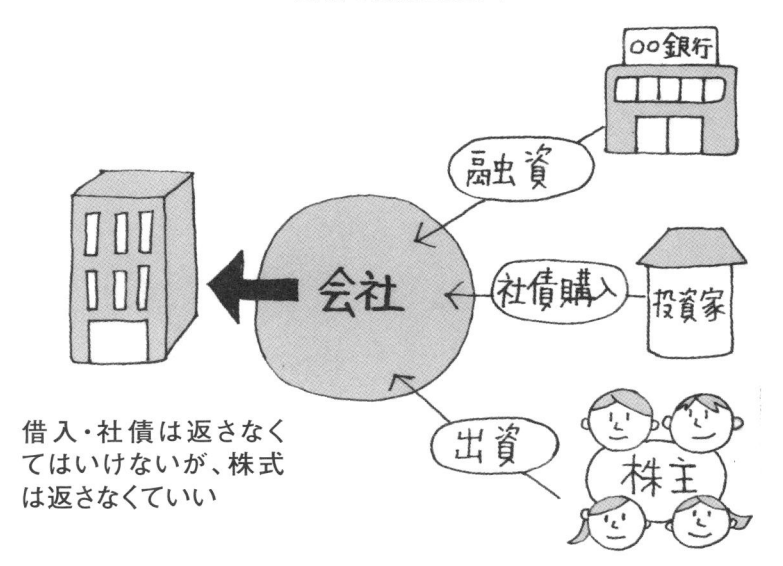

借入・社債は返さなくてはいけないが、株式は返さなくていい

　ところで、銀行からの借入や社債と、株式との大きな違いはなんでしょう？　それは、**借入・社債で調達したおカネには返済期日があって、その期日に返さなくてはいけない**一方、株式で調達したおカネは返す必要がないことです。

　株主は会社の持ち主であるということを考えれば当然で、自分のおカネを返してもらうことに意味はないのです。若旦那が自宅を買うときに、頭金として用意したそれまでの貯えの他に住宅ローンを借りました。住宅ローンは返さなくてはいけませんが、頭金には「返す」という考えが当てはまらないのと同じです。

$ おカネは借りても心は渡さない

　銀行が会社に融資をしたり、保険会社などの投資家が社債を購入したりすると、おカネを借りている会社が倒産しない限り、期日に元本が返済され、また、元本が返済されるまでの間、利息を稼ぐことができます。

しかし、融資先の会社、社債を発行した会社が、その資金を用いて事業をすすめ、**その事業が大成功したとしても、返済される元本が増えるわけではありません。**

住宅ローンを借りてマンションを買って、家庭の事情で引っ越すときに売りに出したら値上がりしていたとしても、銀行に返済するのは借りている額だけなのと同じです。

また、借入や社債では、会社の業績に応じて利息が増えるということもありません。融資を受けた、あるいは社債を発行した会社が、そのおカネを用いた事業で大きく利益を上げたとしても、それを反映して利息の額が増えるわけではないのです。他方、株主にとっては、会社の儲けは自分の儲けですから、会社がその事業で大きな利益が上げたとしたら、その分、株主の儲けも増えたのと同じです。

一方、会社の事業が予想したほど儲からなかった、あるいは損をしたとしても、融資や社債の元本の額が減るわけではありません。住宅ローンの返済が続いている家を売ろうとしたところ価格が値下がりしていて、売却した金額では住宅ローンが返済できないといった場合でも、元本が減ることはないのと同じです。おカネを借りた人は、住宅を売却しても返済できない金額があったとすると、その後も返済を続けなくてはならないのです。

また、融資や社債で、業績によって利息が減ることはありません。ですから、会社で事業が失敗したら、会社の損は株主の損と同じことですから株主にとっても損失と考えられますが、融資をした銀行、社債を買った投資家は、それとは関係なく元利金を受け取ることになります。

このように、融資をしている金融機関や社債を買った投資家は、おカネを出しているという意味では株主と同じでも、**出したおカネを失いにくいという点で株主とは違います。**株主は、自分の出したおカネがなくなるかもしれませんから、会社の経営に強い関心を持つべきですが、金融機関や社債の投資家はそこまで強い関心を持つ必要がないのです。ですから、どれだけ多くの金額を融資していても、融資をしている銀行や

社債の投資家が、株式会社の経営を牛耳るということは普通はありません。

💲 利息分くらいは稼がなきゃならない事情

　会社の稼ぎは株主の稼ぎであって、株主に報いるためには税引後の利益をきちんと上げなくてはいけません。儲けられなければ株主に報いることはできませんが、それをわかった上でおカネを出しているのが株主です。

　一方、銀行からの融資や社債の発行で調達した資金の利息は、一般的に「税引前の利益」から支払います。もっとも、この表現は、税引後の利益しかアテにできない株主との差を際立たせるためのものです。実際は**利息を支払うだけのおカネがあればいい**ので、利益である必要すらなく、売上があれば、そのおカネで利息を払うことができるのです。

　1億円のおカネを借りていて1年分の利息として200万円を支払うという例を考えてみましょう。利息を支払わないと会社がツブれてしまうのでこの200万円はなんとしてでも払いたいところです。従業員の給与や取引先への支払いも、やらないと会社がツブれてしまうので利息の支払いと同じくらい重要ですが、利息のためだけであれば200万円の売上があれば利息が払えてしまうのです。

　株式と借入・社債のこのような違いを見れば、株式による資金の調達は極めてコストが高くつく一方、借入・社債による資金調達はコストが安いと考えるのが一般的です。株主は税金を払った後の利益でないと収益を実感できませんが、銀行や社債の投資家に利息の形で儲けを実感してもらうには、極端な話、売上があればいいわけですから、払う側からすればとてもラクなのです。

　全日空は、2013年3月末までの1年間の支払利息として180億円を計上しています。この180億円を支払うためには、他の支払いとの優先順位を考えなければ同じ額の売上があればいいのですが、同じ時期の売上は1兆4836億円ありましたから、利息を支払うには十分だったことがわかります。

パナソニックについても、同じく2013年3月末までの1年間で、支払利息は256億円ですが売上は7兆3030億円あり、やはり、利息の支払いに困ることはなかったのです。
　なお、個人の場合は、利息も税引後、つまり、手取りの収入から賄うのが原則です。ただ、住宅ローンの場合は一定の範囲で税額控除（税金が減る）があります。これが、会社の利息支払いでの税引前のおカネがあればいいというのと、似ているといえば似ているでしょう。

★3 キャッシュ・フロー計算書
給料を稼いで住宅ローンを返済する

　決算書の基本は**貸借対照表**と**損益計算書**です。これらは、中小企業であっても納税に際して添付することが必要なので、若旦那のところの時計屋さんでも作成しています。

　図 3-2 は図 3-1 を描き直したもので、貸借対照表の単純な構造を表しています。貸借対照表では、会社が、どれだけの資産を持っていて、どれだけの債務を負っているかを示します。**「債務」**というのは「返さなくてはならないおカネ」という意味です。また、資産と負債との差は、会社の持ち主である株主から見た会社の価値で、「資本」とか「純資産」と呼びます。貸借対照表は作成時点における姿を現していますから「○年×月△日現在」と、いつの時点での姿なのかが明示されます。

図 ★ 3-2

賃借対照表の構造

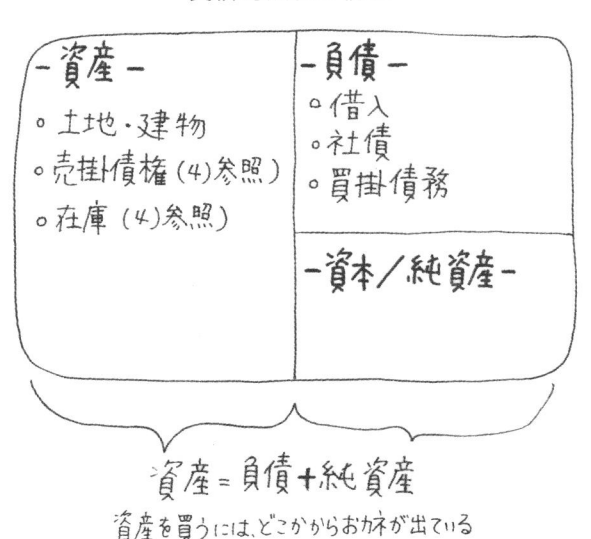

- 資産 -
・土地・建物
・売掛債権 (4)参照
・在庫 (4)参照

- 負債 -
・借入
・社債
・買掛債務

- 資本／純資産 -

資産 = 負債 + 純資産
資産を買うには、どこかからおカネが出ている

損益計算書というのは、一定の期間に会社がいくら稼いだかの内訳を示すものです。売上があって、品物や原材料の仕入れがあって、給料や利息の支払いがあって、と続き、最後に税引前の利益、税金、税引後の利益が書いてあります。つまり、**利益を計算する過程を見せるのが損益計算書**なのです。

$ 会社は儲かっているのにおカネが増えない？

上場会社の決算書を見ると、貸借対照表、損益計算書の他に「キャッシュ・フロー計算書」というのが付いています。**キャッシュ・フロー計算書は「現金出納帳」を格好よく表現したもの**で、会社が持っている現金や預金の増減の原因を示しています。

利息だけでなく、取引先や給与などを含め、支払わなくてはならない金額を支払えなくなると会社はツブれてしまいます。そのおカネが増えているのか減っているのか、また、増えたり減ったりしているのであればその理由はなにかというのが、キャッシュ・フロー計算書を見ればわかるのです。

「会社が利益を上げればその分おカネは増えるし、会社が損をすればその分おカネが減るだけなのでは」と思った読者もいるかもしれません。会社の利益をサラリーマンの給料と同じようなものだと考えれば、このように思ってしまうことも不思議ではありませんが、会社の決算はもう少し複雑なので、ちょっとだけ細かい見かたをする必要があるのです。

たとえば、若旦那の時計屋さんが腕時計を仕入れるとき、その代金をすべて現金で払っているものとしましょう。一方、売上はすべてクレジット・カードで、カード会社から入金されるのは1か月後だとします。このとき、ある月の仕入れが600万円で、仕入れた分すべてを同じ月に1000万円で売ったとしたら、その月の利益は400万円です。

しかし、この400万円は「おカネ」という形になっていないことは明らかですよね？　むしろ、若旦那の時計屋さんからは仕入れの支払いのために現預金が600万円減っているだけなのです。この月に利息の支払いがあったら、他におカネがないと払えないでしょう。

世の中に**黒字倒産**という言葉がありますが、計算上は黒字であってもそれに見合っておカネが入ってきているとは限りません。なので、決算書としての損益計算書を作成して黒字であっても、現預金がなくなってしまえば、その会社は倒産してしまうことがあるのです。

実際、多くの中堅企業では、このような**入金と支払いとのギャップ**に直面しています。販売先が大手企業で、仕入れ先は自分よりもさらに規模の小さい中小企業というケースでは、納品して売上が計上できても入金は数か月先というのはザラで、一方、仕入れ先には早く支払ってあげないとそちらが困ってしまうのです。

原材料や品物を仕入れて販売をしていますから、売上も仕入れも（損益計算書上は）カウントされていて、その差が利益の基になっているのですが、おカネだけが出ていっている可能性があるわけです。

会社が、そのビジネスによって現預金を増やそうとした結果は、キャッシュ・フロー計算書の中では「**営業活動によるキャッシュ・フロー**」略して「**営業キャッシュ・フロー**」「**営業ＣＦ**」といいます。「営業」や「営業活動」という日本語は「外回り」とか「顧客折衝」という意味で用いられることもありますが、ここでいう営業はまさに「ビジネス」という意味です。

営業ＣＦの考えかたの基になっているのは会社の「儲け」ですが、その「儲け」が実際に現預金の増加につながっているのか、逆に、営業活動によって一時的であっても現預金が減ることにはなっていないかを営業ＣＦから知ることができるのです。

とはいえ、実際のところは、**営業ＣＦはプラスになっているのが普通の会社**です。個別の項目については以降で検討しますが、会社がビジネスをしていておカネが作れないのであれば、なんのためにそのビジネスをしているかわからないからです。

$ おカネは出ていっているのに、損にならない不思議

儲かっているのにおカネが入ってこないことがあり、ヘタをすると黒字なのに倒産をする可能性もあります。なので、会社は営業ＣＦをプラ

スにする、つまり、ビジネスをやることで**現預金を増やすことが大切**です。

ところで、営業ＣＦを見ようとするのは、会社では、帳簿上は儲かっているのにおカネが入ってこないことがあるからですが、会社の活動の中にはおカネは出ていっているのに「損」にならないというものがあります。

たとえば、倉庫を建てるために郊外で１億円ほどの土地を買うとしましょう。この場合、１億円の出費、つまり、現預金が１億円減ることになります。では、この１億円の現預金の減少は損失として記録されるかというとそうではありません。貸借対照表上１億円の現預金が「資産」の項目から減りますが、その分、土地という貸借対照表上の項目が１億円分増えることになって、資産の総額には変化がありません。資産の中身が入れ替わっただけであって、会社にとっては別に「損」にはなっていないのです。

確かに、会社の財産の価値という意味では、１億円の価値のある土地と１億円の現預金とでは差はないでしょう。しかし、一般的には、給料を土地で払ったり、借入や社債の利息として土地を差し出したりするわけにはいきません。つまり、現預金以外の資産は、仮に価値があるとしても、現預金でないという点で便利さに欠けるのです。

しかし、現預金が減ることになっても、このようなおカネを使うことは企業活動にとって不可欠です。たとえば倉庫を建てるのは今後も継続的に利益を上げていくための準備であって、倉庫がなければ困ることもあるでしょう。製造業であれば、工場を建て、製品をつくるための設備を買うというおカネの使いかたをしない限り、将来の利益のタネにならないからです。

将来のためにおカネを使うことを、一般的には**投資**といいます。金融商品を買うことも投資ということがありますが、ここではもっと広い意味でこの言葉を用いています。そして、このようなおカネの使いかたは**「投資活動によるキャッシュ・フロー」**略して**「投資キャッシュ・フロー」****「投資ＣＦ」**と呼ばれます。

投資ＣＦは大きな金額のマイナスとなることがあるものの、毎年毎年土地を買ったり工場設備を買ったりするわけではありません。他方、すでにある設備のメンテナンスに要する費用も投資ＣＦのマイナスとして現れます。ですから、一般の企業ですと、**投資ＣＦは大きなマイナスの年があって、その後はしばらく少額のマイナスが続き、また大きなマイナスが出る**というのが普通です。

💲 金融機関が貸してくれればおカネはある

会社は、ビジネスをやることで営業ＣＦを稼ぎますが、将来に向けた投資で多くのおカネを使うと投資ＣＦがマイナスになります。さきほど見たとおり、投資ＣＦはさほど大きなマイナスにならない年もありますが、大きな設備投資をすると、その分大きなマイナスになります。ということは、営業ＣＦのプラス（現預金の増加）で投資ＣＦのマイナス（現預金の減少）を賄うことができる年ばかりではなく、おカネが足りなくなる年も出てくるでしょう。

ビジネスをやることで稼いだおカネでは投資に必要なおカネを賄えない年には、どうしたらいいでしょう？

簡単に考えれば、**足りないおカネは調達してくればいい**のです。こうして増減するのが「**財務活動によるキャッシュ・フロー**」略して「**財務キャッシュ・フロー**」「**財務ＣＦ**」です。営業ＣＦが500万円の年に800万円の設備投資をするのであれば、300万円の資金を調達してきて財務ＣＦを300万円プラスにすればいいというわけです。

財務ＣＦをプラスにするには、銀行からの借入、社債の発行があります。また、新たに株式を発行して増資すれば、やはり、財務ＣＦはプラスになります。これらはどれも現預金の増加要因だからです。

もっとも、財務ＣＦはプラスとなるときだけではありません。というのも、大きな投資がない限り、営業ＣＦのプラスと投資ＣＦのマイナスとを合わせると、多くの企業ではプラスになるからです。おカネが足りないときには資金を調達すればいいのと同じように、おカネが余ったときには資金の調達の反対、つまり、おカネを返せばいいのです。**おカネ**

を返すということは現預金がその分減りますから、財務ＣＦはマイナスになります。 また、配当金の支払いと自己株式の取得は、どちらも会社の中にある現金を株主に払いだすものなので増資の反対であり、これらについても財務ＣＦがマイナスとなります。

なお、借入の返済や社債の償還による現預金の減少は財務ＣＦのマイナス要因ですが、これらの利息の支払いによる現預金の減少は営業ＣＦのマイナス要因となります。利払いは会社の損益に影響する、つまり、ビジネスに関係する項目ですが、元本の増減は会社のビジネスのための活動とは直接の関係がないからです。株主への配当と利息とで扱いが異なるのは、配当はしてもしなくても株主にとって中立であって、株主は自分のおカネを返してもらっているのと同じというのが理由です。

$ キャッシュ・フローのサイクル

ここまでの話をまとめると、次のようにいえるでしょう。

会社は、今後の利益を稼ぐために設備が必要となりますが、そのためには資金の支払いが必要で、投資ＣＦが大幅なマイナスになります。その大幅なマイナスは、借入、社債の発行、株式の発行などの財務ＣＦのプラスで賄われます。

大型の投資が一段落すると投資ＣＦはメンテナンスが主となるためにマイナス幅が小さくなり、営業ＣＦのプラス幅が大きく上回ることになります。こうして増加した現預金は、財務ＣＦのマイナスとなって銀行への返済や社債の償還、あるいは、配当金に回っていくのです。

このサイクルに当てはまらない会社は、なんらかの特殊性を持っていると考えていいでしょう。それ自体は必ずしも悪いことではありませんが、どこに特殊性があるのかを認識する必要があります。

たとえば、**パナソニック**の 2009 年 3 月末から 2013 年 3 月末までの 5 決算期についてキャッシュ・フローを見てみると、営業ＣＦのプラスで投資ＣＦのマイナスが埋められないときは財務ＣＦがプラスに、逆の場合には財務ＣＦがマイナスになっていた傾向が見られます。2012 年 3 月期にこの原則が崩れ、また、2013 年 3 月期に営業ＣＦよ

りも多額の財務ＣＦのマイナスになっているのは、赤字によって同社の借金返済能力について金融機関等が疑義を抱き、回収を図ったということのように見えます（**参考資料3-5**）。

参考資料 ★ 3-5

パナソニックのキャッシュ・フロー

連結経営指標等

回次	第102期	第103期	第104期	第105期	第106期
決算年月	2009年3月	2010年3月	2011年3月	2012年3月	2013年3月
営業活動による キャッシュ・フロー（百万円）	182,823	566,879	516,606	1,983	338,750
投資活動による キャッシュ・フロー（百万円）	△535,653	△368,205	△250,356	△341,876	16,406
財務活動による キャッシュ・フロー（百万円）	148,712	△56,973	△354,627	△53,094	△491,058

（同社発表資料より作成）

　また、**全日空**の2009年3月末から2013年3月末までの5決算期についてキャッシュ・フローを見てみると、投資ＣＦが小さい年というのがあまりなく、コンスタントに投資をしていることがわかります。その結果、恒常的に資金が不足していて、財務ＣＦがプラスになっている時期が多いのです（**参考資料3-6 上**、次ページ）。新型機の導入などの要因と思われるのですが、実は、2008年までの5決算期を見ると、逆に投資ＣＦは抑制されていて財務ＣＦのマイナスが多く見られます（**参考資料3-6 下**、次ページ）。つまり、サイクルの長さが他の会社と異なっている点で特殊といえるものの、大きな意味ではさきほどのサイクルを踏襲していると解釈すべきなのです。

参考資料 ★ 3-6
全日空のキャッシュ・フロー

回次		第59期	第60期	第61期	第62期	第63期
決算年月		2009年3月	2010年3月	2011年3月	2012年3月	2013年3月
営業活動による キャッシュ・フロー	(百万円)	△39,783	82,991	203,889	214,406	173,196
投資活動による キャッシュ・フロー	(百万円)	△111,139	△251,893	△139,619	△116,323	△333,744
財務活動による キャッシュ・フロー	(百万円)	111,504	173,791	△10,596	△16,171	84,549

長期的にバランス

回次		第54期	第55期	第56期	第57期	第58期
決算年月		2004年3月	2005年3月	2006年3月	2007年3月	2008年3月
営業活動による キャッシュ・フロー	(百万円)	89,793	149,070	128,525	158,714	165,765
投資活動による キャッシュ・フロー	(百万円)	△95,882	△169,247	△46,449	△128,298	△69,827
財務活動による キャッシュ・フロー	(百万円)	82,867	△51,600	△3,137	△100,897	△87,336

(同社発表資料より作成)

　みなさんの生活の中では、営業ＣＦは給料、投資ＣＦは住宅取得、財務ＣＦは住宅ローンだと考えればわかりやすいはずです。原則として営業ＣＦはプラスであって、家を買うときには投資ＣＦが強烈なマイナスになり、そのマイナスを埋めるために財務ＣＦがプラスになります。その後、営業ＣＦのプラスの一部を財務ＣＦのマイナスとして、住宅ローンを返済していくのです。

売掛債権と在庫
★4 飲み会の幹事を引き受けたら、おカネが足りなくなった！

　ここからは、キャッシュ・フローに影響を与える要因のうち、重要なものをいくつかピックアップして説明することとしましょう。まずは売掛債権と在庫です。

　売掛債権は、中小企業の決算書を見ると「受取手形」「売掛金」と分けて記載されていることが多いようです。技術的な違いはありますが、本書の目的から見ればほぼ同じです。債権というのは、将来受け取るおカネという意味です。

　在庫というのは、上場会社ですと**「棚卸資産」**として記載されているでしょう。中小企業ですと、みずから製造したものを販売していれば「原材料」「仕掛（しかかり）品」「製品」という形で、できあがったものを仕入れて販売していれば「商品」と、それぞれ分けて記載されていることが普通です。

　いずれの場合も、おカネを支払って購入したモノのうち、販売されることが予定される、あるいはその前段階にあるものという意味になります。

$ 飲み会が多くて、立替払いが増えた！

　売掛債権の増加は、現預金が減る要因です。

　売掛債権というのは**「掛けで売った代金」**という意味です。「掛け」というのは、品物（やサービス）の提供が先、代金の受け取りが後になる売買（取引）のやりかたです。**「代金後払い」を、受け取る側から見たのが売掛債権**です。たとえば、行き付けの飲食店でツケが利くようになり、毎月１回清算するとなると、お店の側では、清算するまではその代金は売掛債権です。

　売掛債権が現預金の減少要因になるのは、モノの場合は仕入れが必要ですし、サービスの提供の場合も人件費が必要だからです。わかりやす

く、仕入れの代金は現金で支払っているとすると、代金が回収できて、売掛債権が現預金の増加に変わるのは将来ですが、仕入れの支払いのために現預金が減ってしまいます。したがって、**売掛債権が売掛債権のままでいる間はおカネが足りなくなる**のです。

　たとえば、飲み会の幹事役を引き受けると、売掛債権が発生すると考えればいいでしょう。10人の飲み会を企画して幹事役を引き受け、幹事としてお店には代金を現金で払ったものの、出席者の何人かは給料日に払うといった場合です。代金を回収するまでの間、幹事から見れば自分の現預金が減少することになります。これが、売掛債権のキャッシュ・フローに与える影響なのです。

　なお、売掛債権の増加による現預金の減少は、営業ＣＦのマイナス要因となります。売掛債権が発生するのは売上があるからであって、それが会社のビジネスと直接関連していることは明らかでしょう。

💲 飲み会が増えれば、現金がたくさん必要に

　売掛債権は、増えれば増えるほど営業ＣＦの減少要因となります。技術的には、その決算期（期間）で増えた分であって、貸借対照表上の売掛債権の金額を比較した差額になります。

　では、売掛債権が増加する要因はなんでしょうか？

　売上が増えれば、一般的には売掛債権も増加します。販売先のうち掛けでの取引の割合はほぼ一定しているでしょうから、売上が増えれば増えるほど売掛債権は増えるのです。これは一般的にはいい傾向といっていいでしょう。しかし、この単純な事実はとても重要な意味を持っています。なぜなら、**売上が増えるほど、手元の現預金は減る**からです。売上が増えると売掛債権が増え、売掛債権が増えるために営業ＣＦはその分マイナスの影響を受けるわけです。

　これも、飲み会の幹事の例を考えれば納得できる話でしょう。幹事を何回もやれば、その分、後払いの人の絶対数が増えますから、それだけ立替払いが増えることになります。その分、幹事をやっている人の現預

金の減りかたは速くあるいは大きくなるのです。

売掛債権と飲み会の幹事とキャッシュ・フロー

幹事
会費を支払う
支払っていない人の分は
売掛債権
幹事が3人分を立て替える

飲み会が増えるほど、立替金額は増えるのが理屈

　また、売掛債権の回収の期間が長くなると、やはり売掛債権が増加します。売掛債権が減るスピードが遅くなるからです。

　回収の期間が長くなる要因というのは、新規の取引先を増やしたい、あるいは、利益を上げたいという理由で、そのような先に販売するからです。売上は代金が回収できなくても計上でき、売上が計上できれば利益も計上されますから、損益計算書的な意味での「業績」を重視する場合には売上を増やすことが重要です。しかし、その際に、販売先の意向に沿って回収までの期間を長く設定することが続くと、売掛債権が増加していってしまうのです。

　これは、ただの飲み会ではなく合コンの幹事をやるようなイメージでしょうか。合コンの数をこなすことが目標になると、メンバーを集める

ために多少の無理をしてしまい「今月の給料日」ではなく「来月の給料日」にならないと払わないようなメンバーであっても呼んでしまうのです。このようなことが続けば、なかなか立替分が回収できず、現預金のマイナスにつながってしまうのです。

💲 会費制のホーム・パーティを開くと

売掛債権が現預金の減少要因になるのは、売掛債権の「売る」モノやサービスのために先におカネを払っているからです。先におカネを払っている一方で、そのおカネの回収ができなければおカネが減ってしまうと考えれば、**棚卸資産がキャッシュ・フローのマイナス要因になる**こともわかるでしょう。

棚卸資産とは、要するに、「仕入れたけど売れていないもの」ですから、代金回収はできていないけれども一応は売れたことになっている証拠である売掛債権よりもタチが悪いのです。売れもしないモノをどんどん仕入れて、それが倉庫に積まれていくだけ、と考えればわかりやすいでしょう。そんなことをしていたら、おカネがどんどん出ていくに決まっているのです。

棚卸資産の増減による現預金の減増は、営業ＣＦに反映されます。販売するために仕入れて棚卸資産になったのですから、会社のビジネスと直接関係しているからです。

なお、売掛債権の場合と異なり、棚卸資産が増えたからといって会社の利益に貢献するわけではありません。会社から見ると、「現預金」という資産が「棚卸資産」に変わるので、それだけでは損でも得でもないからです。

棚卸資産のイメージは、会費制のホーム・パーティといったものでしょう。会費は出席した人からもらうことになりますから、前払いで徴収するわけにはいきません。

一方、主催者としては、会費をもらう前から準備は始まりますから、材料を買っておかなくてなりません。前もって作っておく料理もあるかもしれません。買っておいた材料は会社であれば「原材料」、作りかけ

のものは「仕掛品」、冷菜ですでにできあがって冷蔵庫で冷やしてあるようなものが「製品」、アイスクリームや飲み物など加工せずにそのまま出せるものが「商品」ですが、いずれにせよ、先におカネが出ていくために現預金の圧迫材料となるのです。

　棚卸資産が増える要因も2つあります。ひとつは売上の増加で、**売上が増えればその分原材料や在庫を持っておかないと不安ですから、棚卸資産が増える**のです。さきほどの売掛債権の場合同様、売上が増えるとおカネが減るというのはなんか不思議ですが、重要なポイントです。
　もうひとつは反対で、「売れない」ことです。**仕入れてはみたものの見込みが外れて売れない**、原材料は仕入れたものの作ったものが売れない、といった場合、棚卸資産は増えていきます。これは、いずれは価値がなくなる、つまり、損失として顕在化する可能性を秘めており、かつ、仕入れのために使ったおカネが回収できないわけですから、注意が必要です。

買掛債務

⭐5 ツケが増えると おカネが貯まる

　売掛債権は、増えれば増えるほどおカネがなくなっていくという特徴を持っています。売掛債権が増えるのは、普通だと、売上が増えているときですから、ビジネスが好調に見えているときです。しかし、おカネがなくなると会社は倒産してしまうことがあるので、売掛債権の増加には注意が必要というわけです。

　また、見た目の売上を伸ばすために販売攻勢を仕掛け、そのときに相手方の支払い条件を緩和、つまり、代金の回収までの期間を長くすると、やはり売掛債権が増えて手元のおカネが少なくなります。実際に回収できればタイミングだけの問題ですが、「支払いを先にしないと買わない」という相手は、実はおカネを持っていないだけという可能性もあるため、いわゆる焦げ付きにも注意が必要になります。

　ところで、会社の「掛け」取引は、自分が代金を受け取るときだけにあるのではありません。**自分が代金を支払うときに「掛け」としている**こともあるはずです。これが**買掛債務**です。売掛金の増加がおカネが減る要因なのだとすると、その反対側である**買掛債務の増加は、おカネが増える要因**だと考えればいいでしょう。

$ ヤケ酒が増えて、ツケが溜まってしまった

　会社同士の取引では、代金の支払いを現金ですることはほとんどありません。売掛債権のところで見たとおり、納品されたり、あるいはサービスを受けたりした後で請求書の行き来があり、請求書を受け取った側が期日までに支払いをするというのが一般的な流れです。また、支払いに際して手形を用いることも中小企業ではまだまだ普通です。

　このような「代金後払い」において、代金を受け取る側では売掛金・受取手形としますが、代金を支払う側では買掛金・支払手形とします。

ここでは、買掛金と支払手形をまとめて**「買掛債務」**ということにします。「債務」というのは「債権」の反対で、**「（まだ現金は出ていっていないけれど）将来、現金の支払いが発生する項目」**という意味です。

買掛債務は、売掛債権の反対と考えればわかりやすいでしょう。みなさんの生活でいうと、集配に来てくれるクリーニング屋さんに、月末に1か月分をまとめて支払うといったケースで、クリーニングに出した衣服が戻ってきて、月末が到来するまでは、受け取った分のクリーニング代が買掛債務になります。

本来であればモノやサービスと引き換えにおカネを支払わなくてはならないところ、月末とか数か月先など実際に代金を支払うまではおカネが減りません。ということは、本来、すでに出ていっているはずのおカネが手元に残っているということであり、その分はおカネが増えていると考えるのです。

$ ツケが溜まるほどおカネが増える

買掛債務は、会社が物を仕入れたりサービスを受けたりすることによって生じるのですが、会社が物を仕入れる、サービスを受けるというのは、その会社のビジネスに関係している場合がほとんどでしょう。したがって、**買掛債務の増・減は営業ＣＦの増・減となります**。「売掛債権の増・減＝営業ＣＦの減・増」の反対と考えればいいでしょう。ツケが溜まれば溜まるほど、おカネが増えると考えるのです。

では、買掛債務が増えるのはどういうときでしょうか？　買掛債務が生じる原因は取引先との取引であって、こちらが代金を支払う立場になるからです。では、取引先への支払いが増えるのはどういうときかを考えてみると、これは売掛債権が増えるときと同じで、売上が伸びているときのはずです。売上が増えればそれに応じて仕入れの量が増えるでしょう。仕入れの量が増えれば、そのうちの一定の割合は掛け、つまり、代金が後払いになるからです。

さきほどの売掛債権の例で、飲み会に参加する側から考えてみればいいでしょう。飲み会に参加しておカネを後払いにしていると、その分、

買掛金に相当する金額は増えていきます。すべての飲み会で後払いにできるわけではないでしょうが、飲み会の参加数が増えれば、それに応じて後払いの金額が増えていくわけです。

　また、これも売掛債権の逆ですが、品物の納入や請求書を受け取ってから代金を支払うまでの期間が長くなれば、やはり買掛債務は増えることになります。これまで1か月分しかツケを溜められなかったところ、2か月分までツケを溜められるようになると、その分、ツケの総額が増えるのと同じです。

「払えないから払わない」に注意

　買掛債務が増えることは、その分おカネが増えることを意味しますから、**基本的にはいい話**です。代金を受け取る側になったことを想像すればわかるでしょうけれど、ツケを認めるということは相手を信じるということですから、ツケが増えるということは、それだけ信用度が増しているということです。起業したばかりだと信用がありませんから、仕入れからなにからほぼ現金払いだったのが、業歴・実績を重ねると支払いの条件が好転し、営業ＣＦにプラスの要因となるのです。

　また、売上が増えればその分仕入れが増えますから、やはり、買掛債務は増えることになります。

　ですから、**買掛債務が減っているのは、一般的にはあまりいい兆候ではありません**。さきほどの逆で、信用度が悪化して取引先が代金回収に懸念を感じ始めると、代金を受け取らないと品物を納入しないという態度に出る可能性があります。そこまで極端でなくても、納入から代金支払まで、それまではたとえば3か月だったのに、1か月に短縮されたりするのです。また、売上が減ると買掛債務が減りますが、これがいい兆候のはずはありません。

　では、買掛債務が増えることは常にいい話なのかというと、そうもいかないところが難しいところです。というのも、**払いたくても払えない**場合には、自然に買掛金になるからです。たとえば、行き付けのお店に財布を持たずに行き、「ごめん、今日財布忘れたから1週間後に払うわ」といえば、たいていの場合はツケにしてくれるでしょう。これをいろい

売掛債権・買掛債務のまとめ

売掛債権
簡単にいえば「未回収の代金」
増えれば増えるほど資金負担
売上と比例していれば"健全"
} **営業CFのマイナス要因** －

買掛債務
簡単にいえば「未払いの代金」
増えれば増えるほど資金余裕
売上と比例していれば"健全"
「払えないから払わない」に要注意
} **営業CFのプラス要因** ＋

ろな先でやればしばらくはおカネを払わなくて済みます。会社も同じで「今月厳しいからちょっと待って」といわれると、特に大口の取引をしていれば、取引先もノーとはいわないでしょう。しかし、これはおカネに困り始めている兆候であって、早めに察知できるに越したことはないのです。

運転資金

⑥ 在庫が売れるまで おカネが必要なときもある

　世の中には、無借金会社と呼ばれる会社があります。中小企業も例外ではなく、税務署に提出する、あるいは、取引先に見せる決算書では、銀行からの借入がゼロになっている会社は意外とあるものです。
　単純に考えると、借金をしていないのだから、金融機関との付き合いは不要ではないか？　と思う人もいるでしょう。ただ、会社の一員としておカネに携わったことのある人であれば、**銀行と付き合わないビジネスなどあり得ない**ことはすぐにおわかりだと思います。というのも、会社が支払いや受け取りを現金だけで行なうことはあり得ないからです。
　仮に代金後払いがない社会であっても、送金というのは必ず発生するため、銀行が必要なことは当然です。また、代金後払いになって、そこに手形や小切手というものが出てくると、なおさら銀行が必要になってきます。手形や小切手は、相手方（おカネを支払う人）の銀行口座からおカネを下ろしてもいいといういわば引換券ですが、その引換券を相手方の銀行に見せておカネをもらってくることは、自分の取引先の銀行に依頼することが普通なのです。銀行は、その受け取ったおカネを依頼人の口座に支払う（口座の残高を増やす）のですが、ということは、結局、銀行間でおカネが動くことになっていて、やはり銀行が必要なのです。

$ なにをするにもカネ

　このようにおカネが会社の間を飛び交うことになると、そのどこかでおカネが足りないという局面が出てきやすくなります。
　売掛債権のところで飲み会の幹事の話をしましたが、幹事をして立替払いをしている人が、別の人が企画した飲み会では単に参加する側だったとしましょう。飲み会が続いて立替払いが増えていたので持ち合わせがないことがあると、「そのうちおカネが入るから、そのとき払うね」といって、逆に立替払いをしてもらうこともあるかもしれません。

では、この場合に、アテにしていたおカネが入ってこなかったらどうしたらいいでしょう？　給料が出たら払うといっていた人たちが相次いで海外出張に行ってしまい、集金しようにもできないといった場合です。自分は日本にいるわけですから、自分の分を立替払いしてくれた人からは「月末だから払ってね」と催促されるでしょうが、自分は催促しようにも相手が日本にいないのだからどうしようもありません。このような場合、仲間からおカネを借りたくなることもあるでしょう。

銀行は、会社や私たち個人から、すぐには使うアテのないおカネを預金の形で預かっています。なので、一時的におカネが足りなくなっている人がいると、即座におカネを貸すことができます。借りる側の人からしても、本当の意味でおカネがないから借りるのではなく、**時間的な隙間を埋めるだけ**のためということですから、気軽に借りられるでしょう。

さきほどの飲み会の幹事・参加者の人も、海外旅行から帰ってきた人たちからおカネを受け取るまでの一時的な借金であれば、たとえば生活費が足りないとか、遊興費や洋服を買うためのおカネを借りるのよりも心理的な抵抗感は少ないでしょう。おカネがないから借りているのではなく、ほんの瞬間的なタイミングの話だからです。

こう考えれば、みなさんもわかるでしょう。若旦那の時計屋さんも、外国製の腕時計の場合、店舗陳列用とは別に、倉庫にしまってある在庫があります。数十万円の腕時計でも現金で購入してくれるお客さんもいるのですが、タイミングによっては仕入先への支払いが先行することがあります。そのようなときには、銀行からの融資を利用して支払いを済ませ、在庫がはけた段階で銀行に返済をするということを繰り返しているのです。

$ 銀行が「貸してもいいかな」と思う運転資金

今の例のような、本当の意味で「おカネがないから」借りるのではなく、入金と出金のタイミングを調整するために借りることは、いわゆる無借金会社でも見られるものです。「無借金」という表現は、銀行から

の借入がゼロであるような言いかたですが、実際には、そのような会社であっても、入金と出金のタイミングを調整するために銀行から融資を受けるのは珍しいことではありません。

この(6)に出てくるような一時的に必要なおカネのことを、一般的には「**運転資金**」といいます。広い意味では、従業員に対する給与賞与や、オフィスの賃料や公共料金などで必要になるおカネも運転資金です。

もっとも、銀行が運転資金という言葉を用いるときには狭い意味のこともあります。それは、(4)で見た売掛債権と棚卸資産、(5)でみた買掛債務の差額で、この範囲であれば銀行は比較的簡単に融資をしてくれるのです。

まず、これらが運転資金の基になる理由ですが、営業ＣＦという観点から考えればいいでしょう。売掛債権、棚卸資産とも「いずれは」現金になりますが、それまでは現金が少なくなる要因でした。一方、買掛債務は「いずれは」現金が出ていくものですが、それまでは現金が増える要因です。「現金が減る要因」と「現金が増える要因」の差額が「目先で不足しているおカネ」ということであり、これが狭い意味で用いたときの運転資金です。回収できることはほぼ間違いなく、ほぼタイミングだけの問題になっているため、銀行としては融資がしやすいのです。待っていればおカネになるというわけです。

この考えかたでいけば、2013年3月末時点での**パナソニック**の必要運転資金は、受取手形、売掛金、棚卸資産の合計が1兆7496億円、支払手形と買掛金の合計が7918億円で、その差額9578億円となります（**参考資料3-7**）。また、**全日空**では前者に該当する金額が1760億円、後者が1582億円で178億円ほどの運転資金が必要だったことがわかります（**参考資料3-8**）。

ところで、必要運転資金の増減については、キャッシュ・フロー計算書にも現れることになります。貸借対照表から該当する項目の増減を計算して求めようとするよりも、直接的に記載されるのでこちらのほうが簡単かもしれません。

具体的には、たとえば**パナソニック**であれば、売上債権の増減額として1281億円のプラス（売上債権の減少）、棚卸資産の増減額として

「借りられるだけ借りるのが賢いってほんと？」

参考資料 ★ 3-7

パナソニックの必要運転資金

貸借対照表
単位：百万円

		前連結会計年度 (2012年3月31日)	当連結会計年度 (2013年3月31日)
資産の部	流動資産		
	現金及び現金同等物	574,411	496,283
	定期預金	36,575	1,674
	短期投資	483	—
	受取手形	73,044	56,752
	売掛金	963,202	905,973
	貸倒引当金	△26,604	△23,398
	棚卸資産	801,991	786,845
	その他の流動資産	454,663	269,954
	流動資産合計	2,877,765	2,494,083
負債の部	流動負債		
	短期負債及び一年以内返済長期負債	633,847	480,304
	支払手形	53,243	52,205
	買掛金	797,770	739,581
	未払法人税等	32,553	32,162
	未払人件費等	204,842	201,460
	未払費用	749,495	713,314
	得意先よりの前受金及び預り金	71,102	75,669
	従業員預り金	7,651	6,610
	その他の流動負債	329,001	297,854
	流動負債合計	2,879,504	2,599,159

(同社発表資料より作成)

参考資料 ★ 3-8

全日空の必要運転資金

貸借対照表
単位：百万円

		前連結会計年度 (2012年3月31日)	当連結会計年度 (2013年3月31日)
資産の部	流動資産		
	現金及び預金	41,867	86,459
	受取手形及び営業未収入金	124,028	120,536
	有価証券	237,104	333,134
	商品	4,924	5,587
	貯蔵品	44,935	49,887
	繰延税金資産	30,269	27,581
	その他	66,752	95,093
	貸倒引当金	△1,160	△577
	流動資産合計	548,719	717,700
負債の部	流動負債		
	支払手形及び営業未払金	180,804	158,226
	短期借入金	—	250
	1年内返済予定の長期借入金	115,962	110,589
	1年内償還予定の社債	—	20,000
	リース債務	11,443	11,762
	未払法人税等	3,912	7,246
	繰延税金負債	—	100
	賞与引当金	30,841	22,436
	独禁法関連引当金	116	116
	資産除去債務	1,146	699
	その他	116,821	126,963
	流動負債合計	461,045	458,387

(同社発表資料より作成)

646億円のプラス（棚卸資産の減少）、買入債務の増減額として683億円のマイナス（買掛債務の減少）となっています（**参考資料3-9**）。

　2013年3月末までの1年間で、必要な運転資金が1244億円（1281億＋646億－683億）減少し、その分についてはおカネが増えていることになります。一方、全日空については、棚卸資産の増減額の影響が少ないことからキャッシュ・フロー計算書には記載がありません。調べようと思えば貸借対照表に戻ることになるため、ここでは本末転倒になるので省略します。

参考資料 ★ 3-9

パナソニックの必要運転資金の増減

CF計算書　　　　　　　　　　　　　　　　　　　　　　　　　　　　　単位：百万円

		2011年度 (自 2011年4月1日 至 2012年3月31日)	2012年度 (自 2012年4月1日 至 2013年3月31日)
営業活動に関するキャッシュ・フロー	非支配持分帰属利益控除前当期純利益	△816,144	△775,168
	減価償却費(無形固定資産及び繰延社債発行費の償却費を含む)	374,785	339,367
	有価証券の売却益	△5,822	△29,125
	貸倒引当金繰入額	12,162	6,641
	法人税等繰延額	△59,439	318,101
	投資有価証券の評価減	16,636	4,017
	長期性資産及びのれんの減損	563,161	388,721
	売上債権の増減額	24,228	128,088
	棚卸資産の増減額	40,318	64,625
	その他の流動資産の増減額	17,130	51,168
	買入債務の増減額	△103,788	△68,282
	未払法人税等の増減額	△7,473	4,817
	未払費用及びその他の流動負債の増減額	△9,089	△117,098
	退職給付引当金の増減額	△29,374	△8,811
	得意先よりの前受金及び預り金の増減額	△14,547	3,247
	その他	△761	28,402
	営業活動に関するキャッシュ・フロー	1,983	338,750

（同社発表資料より作成）

減価償却費とフリー・キャッシュ・フロー

7 定期券の代金は先払い、価値は少しずつ減っていく

　決算書を「読み解く」のは、原則がわかってしまえばさほど難しい話ではありません。「貸借対照表と損益計算書だけでも頭が痛いのに、なんでキャッシュ・フロー計算書なんてあるんだ」というお腹立ちもごもっともなのですが、実は、キャッシュ・フロー計算書があることで全体の流れがわかりやすくなっているという側面もあります。それが顕著なのがここで紹介する**減価償却費**です。

　減価償却という考えかたは、みなさんも**「モトを取った」**という意味で使うことがあるでしょう。新入社員には5万円のスーツの出費は痛手ですが、3年間着倒せば「減価償却が終わった」＝「モトが取れた」と思うでしょう。逆に、買うときは安く買えたスーツがあったとしても、出張のときに紛失してしまったとするとモトが取れなかったと思うはずです。

💲 定期券の損得はどう考える？

　みなさんの生活の中でも、おカネを先に払って、実際に役に立つのは将来といったものがけっこうあります。たとえば定期券がそうです。JR中央線の新宿駅と東京駅の間の通勤定期券は2013年9月現在5670円で、1か月間有効です。普通に切符を買えば片道190円なので、ほぼ15往復分です。

　これを会計的に考えると、定期券を買った時点では5670円という現預金が減ることになりますが、これから1か月間新宿東京間を自由に行き来できる権利が手に入ったことになります。

　簡単にいえば、その権利こそが「定期券」で、その価値は5670円です。なので、貸借対照表上は「定期券」という資産が5670円増えることになります。

第 3 章　資金を調達する側から見たファイナンスの理論

　定期券の価値は、時間が経つにつれて少なくなっていきます。「有効期間が後 2 週間の定期券」、「有効期間が後 1 日の定期券」と、どんどん価値が減るのは明らかでしょう。ですから、仮に貸借対照表を毎日作るとすると、今日よりは明日、明日よりは明後日と、貸借対照表に記載される定期券の**価値は減っていき最後はゼロになります。**

　この減らしかたは、有効期間で按分する（当初の有効期間が 31 日あれば元の金額 31 分の 1 ずつ毎日価値が減っていく）とか、使った分減らしていく（実際に鉄道を利用したときの乗車券の価値分減らしていく）など、いくつか合理的な方法があります。

　これを損益計算書的にいうと、**「費用」**、つまり、実際に定期券を使った対価の計上は、**貸借対照表の「価値の減らしかた」に対応**します。

　毎日 31 分の 1 ずつ価値を減らしていくというケースを考えると、本当の意味での定期代は、5670 円÷31 日≒183 円／日、つまり、1 日 183 円ずつ支払っている「ようなものだ」と考えます。仮に損益計算書を毎日作るのであれば、毎日 183 円分、費用が発生していると考えるわけです。

　こう書くと難しく聞こえますが、要するに、1 か月有効な定期券の値段が 5670 円だとすると、1 日あたりは 183 円なんだから、実際には、毎日 183 円支払っていると考えるほうが合理的だというだけです。

　逆にいうと、5670 円という「現金」は定期券を買うときに支払ってはいるものの、それは損益（会社の儲けや損）を考える上では名目的・形式的に過ぎないというわけです。この場合、**時間の経過や、実際の利用に応じて実質的に発生している部分が、会社でいう「減価償却費」な**のです。

　なお、会社で減価償却費とされるのは、その効果が 2 年から 50 年続くとされるものです。別の言いかたをすれば、代金の支払いのとき（今の例であれば定期券を買うとき）と、費用化のとき（＝損益計算書への反映、今の例であれば有効期間の経過や実際の乗車）とで、決算期がずれるときと考えればいいでしょう。

💲 会社のおカネの使いかたを知るには？

減価償却費は、損益計算書ではマイナス項目、つまり、その分だけその決算期の利益を減らす要因になります。しかし、**減価償却費は実際におカネが出ていく項目ではありません。**おカネが出ていくタイミングと、減価償却費として決算書に計上されるタイミングとがずれているからです。

損益計算書と現預金との動きを考えてみると、おカネを支払ったときには損益計算書には影響を与えません。5670円の定期券を買っても、5670円の現預金という資産の減りかたと5670円の定期券という資産の増えかたが同じだからです。

一方、おカネは動かないのに、減価償却費を計上すると、損益計算書にマイナスの影響を与えます。損益計算書に影響を与えないのに支払いのときにはおカネが出ていってしますから、損益計算書に影響を与えているときにおカネが入っているように操作をしないと割に合わないからです。

これをキャッシュ・フロー計算書的に見れば、**定期券を買うときには「投資ＣＦ」がマイナス**になります。将来にわたって効果が見込める対象におカネを払うことは投資だからです。一方、**費用化した減価償却費は「営業ＣＦ」にプラスとなります。**そのまま放っておいたら損益計算書に与える影響を加味してマイナスなのですが、実際には現預金の減少になっていないのだから、プラスを戻してあげなくてはいけないんですね。

では、この減価償却の金額はどのように見つけられるでしょうか？実は、上場企業でも中小企業でも、損益計算書に「減価償却費」という項目があっても、その金額がすべてではありません。というのも、減価償却費のうち、モノの製造に直接関連する部分は製造原価に反映されています。モノを作るための機械の減価償却費は、できたモノのコストの一部なので、そちらに入れてしまうんですね。

ですから、実際の減価償却費を知るためには、上場会社であればキャッ

シュ・フロー計算書の営業ＣＦの部分を見なくてはいけません。

　また、一般的には中小企業など非上場会社はキャッシュ・フロー計算書を作っていませんが、税務申告書に減価償却の明細が添付されているので、税務申告書を見ることができれば、減価償却の形で「おカネ」がどれだけ節約され（あるいは「増えて」）いるかがわかります。あるいは、原価明細と販管費の明細のそれぞれに計上されている減価償却費を加えてもいいでしょう。

　2013年3月末までの1年間で、全日空の損益計算書に記載されている減価償却費は134億円余りでした。しかしこれが全部だったわけではなく、キャッシュ・フロー計算書では1239億円と損益計算書の9倍を超える金額が出ています（**参考資料3-10**）。この差額が、同社の場合は「事業費」に計上されているわけです。他方、パナソニックは、損益計算書に計上されている減価償却費自体が注記を見なくてはわからず、キャッシュ・フロー計算書（**参考資料3-9**、160ページ）を見るほうがむしろラクになっています。

来年分の積み立てをするのと考えかたは同じ

　減価償却費を「おカネ」という観点から見てみると、当初、投資ＣＦの形でおカネが出ていっているため、損益計算書と絡めると、減価償却の分のおカネは戻ってくるという感覚になります。営業ＣＦのプラス項目となっているのはそのためです。

　だからといって**減価償却費はすべて純粋なプラス要因だと考えるのは誤り**です。

　少し話を戻して、5670円の1か月定期の話を考えてみましょう。この定期券を買ったときには5670円という現金が出ていく一方、費用化は毎日で183円とする例です。この場合、仮に毎日決算をしていると考えると、損益計算書上は毎日183円のマイナス項目となるものの、キャッシュ・フロー計算書上は営業ＣＦのプラス項目となります。毎日、毎日、おカネが溜まっていくイメージです。

「借りられるだけ借りるのが賢いってほんと?」

参考資料 ★ 3-10

全日空の減価償却費

損益計算書

単位:百万円

		前連結会計年度 (自 2011年4月1日 至 2012年3月31日)	当連結会計年度 (自 2012年4月1日 至 2013年3月31日)
営業収入		1,411,504	1,483,581
事業費		1,086,670	1,148,196
営業総利益		324,834	335,385
販売費及び一般管理費	販売手数料	64,494	69,196
	広告宣伝費	5,002	6,028
	従業員給料及び賞与	32,136	30,399
	貸倒引当金繰入額	153	52
	賞与引当金繰入額	6,217	4,154
	退職給付費用	3,652	3,758
	減価償却費	13,845	13,432
	その他	102,313	104,539
	販売費及び一般管理費合計	227,812	231,558
営業利益		97,022	103,827

(同社発表資料より作成)

CF計算書

単位:百万円

		前連結会計年度 (自 2011年4月1日 至 2012年3月31日)	当連結会計年度 (自 2012年4月1日 至 2013年3月31日)
営業活動によるキャッシュ・フロー	税金等調整前当期純利益	63,431	70,876
	減価償却費	119,268	123,916
	減損損失	1,746	5,496
	固定資産売却損益及び除却損	4,789	7,125
	有価証券売却損益及び評価損益	134	384
	貸倒引当金の増減額	210	△291
	退職給付引当金の増減額	2,212	5,179
	受取利息及び受取配当金	△2,452	△2,640
	支払利息	19,578	18,026
	為替差損益	△333	△3,010
	特別退職金	2,442	146
	売上債権の増減額	△28,756	3,102
	その他債権の増減額	△6,197	△8,152
	仕入債務の増減額	20,049	△22,660
	その他	42,209	△2,212
	小計	238,330	195,285

(同社発表資料より作成)

ところが、通常の場合、1か月定期を買っていると、1か月経つとまた定期券を買わなくてはいけません。そのときに必要なおカネは当然のことながら5670円です。このおカネはどこから出てくるかといえば、それまでのビジネス活動から出てこなくてはいけません。ということは、**結局、毎日183円のプラスになっていた営業ＣＦの累計を1か月後に使ってしまうことになる**のです。

減価償却が必要な資産というのは、まさに「減価」、つまり、価値が減っていき、いずれは価値がなくなってしまうのです。価値がなくなったときに買い換えないのであれば、確かに、キャッシュ・フローにプラス要因です。しかし、実際には多くの会社は事業を未来永劫続けるつもりであって、**買った（投資した）資産の価値がなくなって事業に有用でなくなったら、再度おカネを払って似たような機能のものを買わなくてはならない**のです。

ですから、減価償却といえば、なんでもかんでもおカネが増える要因だと思ってはいけません。減価償却の基になっている資産の内容と、毎期計上される減価償却費とを比較して、本当の意味でおカネがどれだけ増えているのかを見極める必要があるのです。

$ **フリー・キャッシュ・フローの基は営業CF**

会社は、借りたおカネを返さなくては倒産してしまいます。そのおカネはどこから生まれるかというと、その原則は、営業ＣＦのプラスと投資ＣＦのマイナスとの差額をプラスにすることだというのは(3)で説明したとおりです。

この意味で、借金を返済するためのおカネを「**フリー・キャッシュ・フロー**」ということがあります。実はこの言葉はいろいろな人がいろいろな局面でいろいろな意味で使うため、そのときそのときでどの意味で用いられているかを確認しながら用いないと危険です。本書でも、今後も注意しながら使っていきたいと思います。

それはさておき、狭い意味でのフリー・キャッシュ・フローは、上述のとおり簡単に計算することができます。多額の設備投資をしたときに

はフリー・キャッシュ・フローがマイナスになり、それを、その後に生まれるフリー・キャッシュ・フローのプラスで埋めていくわけですが、これを財務ＣＦで見ると、財務ＣＦの大きなプラス（借入、社債の発行、増資）を、何年かけて財務ＣＦのマイナス（借入の返済、社債の償還、配当の支払い）で消していく感じになるのです。

　つまり、フリー・キャッシュ・フローの基は、プラスという意味では営業ＣＦです。そして、営業ＣＦを作り出す基本的な方法は「税引後」の利益と減価償却費となります。また、投資ＣＦがプラスになる、つまり、すでに代金を支払済みの投資の対象を売却することもフリー・キャッシュ・フローがプラスの材料になります。

第 3 章　資金を調達する側から見たファイナンスの理論

★8　EBITDAとキャッシュ・フロー
税引前の給料で稼ぐ力を測ってみよう

　会社は、中小企業であっても上場企業であっても、おカネを稼ぐためにビジネスをしています。若旦那の時計屋さんが慈善事業でないのは当然ですし、全日空やパナソニックも利益を上げるために日夜ビジネスをしているのです。もっとも、つねにうまくいくのであればみんなが同じことをやるわけで、実際にはビジネスがうまくいかないこともあります。

　一方、まったく見込みがない会社であれば、そもそもビジネスを始めていないでしょうから、ビジネスを継続しているということはなんらかの価値を生み出していることも多いでしょう。「利益」という形には表れなくても「営業ＣＦ」はプラスになっている会社は多いのです。

　一般的な意味での利益では必ずしも捉えられない、**会社の潜在能力を補足しようとする指標にＥＢＩＴＤＡ**というものがあります。会社の収益性を示すひとつの指標です。利益というのは会計上のいろいろな技術に基づいて計算されているため、いわば雑音をキャンセルするような作業を加えているのがＥＢＩＴＤＡなのです。

$ 儲かってなければ税金は払わない

　このＥＢＩＴＤＡとは Earnings Before Interest, Tax, Depreciation and Amortization の略で、「借入や社債の利息の額、利益にかかる法人税等の額、減価償却など各種償却の額」の影響を除いた利益水準という意味です。「イービッタ」とか「イービット・ディー・エイ」と読みます。もちろん、それだけではなんのことだかわからないでしょう。これは、**会社が「本質的にどのくらい稼ぐ力を持っているか」を見るもの**です。

　損益計算書では利息の支払い額はマイナス要因ですが、これは会社の稼ぐ能力とは関係ありません。法人税は会社が利益を上げたときに初めてかかるものですから、会社がどのくらい稼ぐ力を持っているかを見るのには、やはり無関係です。

減価償却も、すでに買ってしまったものを費用化しているだけですから、やはり、会社の稼ぐ力とは関係ありませんが、損益計算書ではマイナス項目となります。償却は「のれん」など減価償却の他にもあるのですが、考えかたは減価償却と同じで、やはり、会社の稼ぐ力とは無関係です。

　これら、会社の稼ぐ力と関係のない項目を損益計算書から除けば、「利益」という形ではなく、会社の実際の稼ぐ力が明確になります。これがＥＢＩＴＤＡなのです。

　こう考えればみなさんもわかるでしょう。遊びに行くためには可処分所得が多くなくてはいけませんが、可処分所得は、税金が引かれた給料の手取りだけでなく、その他のもろもろの生活費なども引かなくてはいけません。もちろん、住宅ローンの支払いがあれば、それも引きます。

　しかし、その人の「稼ぐ力」というのは、税引前の給料のはずです。それがどの程度役に立つ指標なのかというのはともかくとして、稼ぐ力を見よう、**税引前の給料を見ようというのが、会社でいえばＥＢＩＴＤＡ**だというわけです。

💲 利息ぐらいは払えるよね？

　ＥＢＩＴＤＡをわざわざ計算するのは、利益が出ていない、あるいは、利益が少ない会社について、他の指標を用いることで稼ぐ力があることを示したいからです。普通に損益計算書を作成して莫大な利益が上がっているのであれば、わざわざＥＢＩＴＤＡといった面倒な考えを持ち出す必要はなく、会社が発表する利益を見ておけば十分だからです。

　(7)で説明したとおり、営業ＣＦのプラスと投資ＣＦのマイナスとの差額によって借りたおカネを返すことができるのですが、営業ＣＦの基は税引後利益と減価償却費です。

　ＥＢＩＴＤＡの計算では、税引後利益のマイナス要因である利息と税金とを差し引いているわけですから、これを見ても元本が返済できるかどうかはわかりません。ただ、利息を払うおカネがあるかどうかはＥＢＩＴＤＡを見ればわかります。簡単にいえば、**ＥＢＩＴＤＡは、利息を支払うことができるかどうかを見る指標**だと考えればいいでしょう。

💲会社を売ったり買ったりする人が注目する指標

　ＥＢＩＴＤＡを真面目に見てみると、会社の実力としてどれだけのおカネを稼げるかを示していることは確かです。
　「利益」を出して株主を潤し税金を払うにも、あるいは、そもそも利息を払うためにも、まず稼がなくてはいけないわけですから、「必要な支払いはした上で」その稼ぎをどの程度生む力を持っているのかがＥＢＩＴＤＡなのです。
　「利益」にこだわらないし、減価償却費を戻しているという点からキャッシュ・フローの指標だという見かたをする人もいますが、キャッシュ・フローは運転資金の増減等の影響もあるため、ＥＢＩＴＤＡとは異なります。ＥＢＩＴＤＡは会社の「稼ぐ力」のひとつの指標なのです。
　このことを利用して、**企業の買収・合併に際して、ＥＢＩＴＤＡに注目することがあります**。詳しくは次の第 4 章の (4) で取り上げますが、企業の価値を「ＥＢＩＴＤＡの何倍」という視点から算出しようとするのです。
　ここでいう企業の価値は簡単にいうと資産の価値で、その意味では「貸借対照表（の資産の部）に記載されているじゃないか！」と思う人もいるでしょう。しかし、貸借対照表に出ているのは静態的といいますか、基本的にはその資産を買ったときの価格を基にした金額です。
　一方、会社は、その資産を使って将来的におカネを生み出すことができます。資産の価値を「今後、おカネを生み出すことができるための仕組み」と考えて、その価値を算定しようとするのが会社の価値評価であって、生み出されるおカネをＥＢＩＴＤＡと考えれば、その何倍まで資産の価値があるべきなのかというのは一定の意味がある見かたなのです。

　また、この企業の価値の考えかたに引きずられる形で、融資をしたり社債に投資したりする側も、融資を受ける会社の借入がＥＢＩＴＤＡの何倍に相当するかを気にすることがあります。「引きずられる」という言いかたから想像できるでしょうが、これは、企業の買収・合併に関連する融資・社債に特有の考えかたといっていいでしょう。

EBITDAの考えかた

各種請求 済　利息 済　税金 済

必要な支払いをするのに十分な稼ぐ力がある

○○会社

$

資産を使ってどれだけ稼げるかを見るのがEBITDA

　たとえば、担保付きで、かつ、返済順位が早い融資であればＥＢＩＴＤＡの３倍までであれば安心して融資できるとか、担保がなく銀行よりは返済順位が遅れる場合であっても、ＥＢＩＴＤＡの４倍までは許容できるとか、そのような使いかたをするのです。

　2012年３月末までの１年間、2013年３月末までの１年間、どちらも最終（税引後）赤字を計上したパナソニックをＥＢＩＴＤＡという観点から見てみましょう。
　使うのは、参考資料3-2の損益計算書（130ページ）と、参考資料3-9のキャッシュ・フロー計算書（160ページ）です。
　まず、2012年３月期ですが、税引前損失が8128億円、支払い利息が284億円ですから、この段階（**ＥＢＩＴ**といいます）で7844億円（－8128億＋284億）のマイナスです。減価償却費が3748億円、減損損

失（資産の価値の減価）が 5632 億円ありましたから、これらを足し戻して（マイナスから除いて）、結局、ＥＢＩＴＤＡは 1536 億円（－1844 億＋ 3748 億＋ 5632 億）のプラスだったのです。

同様に 2013 年 3 月期についても計算すると、税引前損失が 3984 億円、支払い利息が 256 億円なのでＥＢＩＴが 3728 億円のマイナスですが、減価償却費が 3394 億円、減損損失が 3887 億円あり、3553 億円のＥＢＩＴＤＡを稼ぎ出していたのです。

ちなみに、パナソニックの有利子負債（金融機関からの借入と社債の合計）は 2012 年 3 月末で 1 兆 5756 億円、2013 年 3 月末で 1 兆 1434 億円でした（**参考資料 3-4 参照**、134 ページ）から、単純に見ると、2012 年 3 月期のＥＢＩＴＤＡは有利子負債の額から見ると少なすぎるように見えますし、2013 年 3 月期のＥＢＩＴＤＡ程度あれば、それほど問題とは考えられないといえるでしょう。

ＥＢＩＴＤＡの計算のしかた

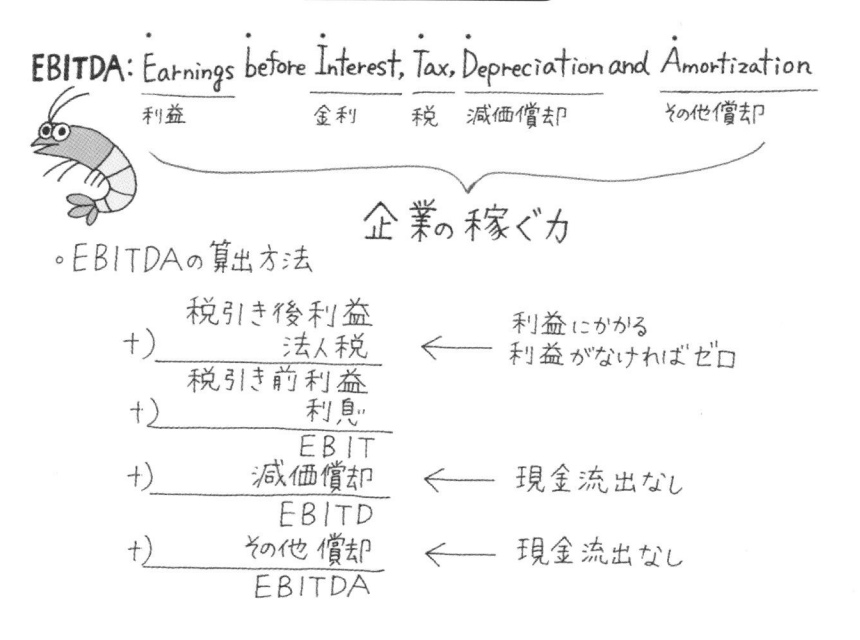

EBITDA: Earnings before Interest, Tax, Depreciation and Amortization
　　　　　利益　　　　　金利　　税　　減価償却　　　その他償却

→ 企業の稼ぐ力

○ＥＢＩＴＤＡの算出方法

```
    税引き後利益
+)  法人税          ← 利益にかかる
    税引き前利益       利益がなければゼロ
+)  利息
    EBIT
+)  減価償却        ← 現金流出なし
    EBITD
+)  その他償却       ← 現金流出なし
    EBITDA
```

最適なレバレッジとMM定理

⑨ 住宅ローン減税を利用すると有利なことも

　無借金会社がもてはやされることからもわかるように、借金は少なければ少ないほどいいという考えかたがあるのは確かです。実際、若旦那の時計屋さんも、基本的には借金はしておらず、運転資金が必要なときに取引先の銀行から一時的に融資を受け、すぐに返済するという方針を取っています。

　しかし、有名な上場会社の中には、無借金会社は多くありません。たとえばパナソニックやＡＮＡホールディングスが、社債を含めてけっこうな額の負債があることは(2)でも見たとおりです。

　借入には**レバレッジ（梃子）の効果**があるとされ、投資金額に対する**儲けの割合（率）を増幅させる**効果があります。ここでは、借入の功罪について考えてみることにしましょう。

$ 小さなおカネに大きな仕事

　借入のレバレッジ効果といえば、「外為証拠金取引（ＦＸ）」があります。ＦＸでは、個人は25倍のレバレッジがかかった取引が可能です。具体的には、100万円を証拠金として用いると、2500万円までの取引ができるのです。なぜそんなことが可能なのかというと、単純にいえば、残りの2400万円は「借入」を利用するからです。

　計算を簡単にするために1ドル＝100円だとし、目いっぱいレバレッジを使うことにすると、2500万円÷100円／ドル＝25万ドル分の取引ができます。1ドル＝100円でドルを買って、1ドル＝101円でドルを売ることができれば1ドルあたり1円で25万円の利益です。自分のおカネ100万円に対して、年率換算前の利益率は25％に達しています。

　これを、レバレッジを使えない取引と比べてみましょう。たとえば、街の両替屋さんに100万円を持ち込んで1ドル＝100円で両替できた

としても1万ドルにしかなりません。その後、1ドル＝101円で両替できるときに円に戻したとしても利益は1万円でしかないのです。率に直すと1％です。

このように、25倍の「レバレッジ」を利用しているため、自分では同じ金額しか動かしていないのに、レバレッジを利用しないときと比較して25倍の利益となっているのです。また率で見ても、レバレッジを利用しないときの利益率は1％ですが、レバレッジを利用したときには25倍の25％となっています。

これだけ見ると、レバレッジはできるだけ利用すればいいということになりそうですが、そうではありません。**レバレッジは逆にも効く**からです。

たとえば、1ドル＝100円でドルを買った後で円高になり、1ドル＝98円になったらどうでしょう？　25倍のレバレッジをかけていると25万ドルの取引をしていますから、50万円の損失です。率にすると自分のおカネ100万円に対して50％の損になっています。レバレッジを利用しなければ1万ドルの取引ですから、2万円しか損をしていません。率でいえば2％に過ぎません。

$ 借入金利と会社の利益

100億円の資産を持っていて、その資産からの稼ぎが3億円ある会社があるとします。この会社が、この100億円の資産を購入する際に、すべて株式で資金を調達していたら、この3億円は、理論的にはそのまま株主のものになります。収益率は3％／年です。

では、この100億円のうちの40億円を、株式でなく融資で調達することとし、利率1％で借り入れたらどうなるでしょうか？

資産からの稼ぎである金額3億円は変わりませんが、年間4000万円の利息を払わなくてはならないので、株主に帰属する金額は2億6000万円に減ります。ところが、株主は60億円しか出していませんから、率でいうと利益は4・3％／年となり、さきほどの3％よりも改善しています。借入の額を70億円、利率1・2％で借り入れれば、利息の額は8400万円で、株主に帰属する金額は2億1600万円とさらに

減りますが、株主が出している金額も30億円しかありませんから率でいうと7・2％／年に改善しているのです。

　ところで、資産の価値が同じなのに、その資金を調達するための借入（の比率）が増えると、その全額の返済が難しくなるため、貸し手の側は要求する利率を上げてきます。3000万円のマンションを買う人に2000万円しか貸さなければ、なにかあってもそのマンションを売ることで回収できるでしょうが、2900万円貸していたら、少しマンション価格が下がっただけで貸した側にとって回収できない金額が出て、損をしてしまうからで、予想される損失は利率でカバーしなくてはならない（第2章の(1)から(3)参照）のです。実際、上の例では借入が40億円のときと70億円のときとで利率を1％から1・2％に変えています。

　では、80億円を借りるのに2％の利率で利息を払わなくてはならないときはどうでしょう。支払う利息が1億6000万円に上がって株主に帰属する金額が1億4000万円となり、株主が出している20億円に対する収益率は7％です。さきほどの70億円を借りた例よりも下がっています。

　会社が資産を取得するのはビジネスのためであり、ビジネスをする際には損をすることを前提にはしていないでしょう。おカネが稼げるという自信があるとき、そのビジネスから予想される収益率よりも低い利率でおカネを借りることができれば、その会社が全額を株主から調達するよりも、株主が予想する収益率は改善します。特に、借入の利率が借入の金額と関係なく一定で、**同じ利率でいくらでも借りられるのであれば、できるだけたくさんの金額を借りるべき**となります。

　しかし、実際には、借入の額が増えていくと、その分、借入の利率が上がっていきます。その結果、株主の予想する収益率は逆に下がることもあるのです。

$ チョコとは関係ないMM定理

　会社の借入・社債と株式との比率については「**モジリアーニ・ミラー**

の定理」という有名な説があり、**ＭＭ定理**などと呼ばれます。内容は簡単で、**負債（借入と社債）と株式との比率を変えたところで、債権者（銀行や社債の投資家）も株主もそれまでと比較して満足度が上がるわけではない**というものです。

　まず、後者の株主の満足度から考えてみましょう。さきほど見たとおり、一般論としてはレバレッジが高くなると株主の予想される収益率は高くなるため、会社は借入（や社債の発行）をできるだけ増やすべきとなりそうですが、実際にはそうではありません。なぜなら、予想される収益率が高くても、予想の外れかたが大きくなるという意味でリスクが高くなっているからです。

　つまり、**予想される収益率が高くなるのはリスクが高いから**であって、そのこと自体はプラスでもマイナスでもありません（ハイ・リスク、ハイ・リターン）。そして、これもさきほど見たとおり、借入を増やし過ぎて利率が上昇すると、リスクが高くなる一方で予想される収益率が下がることがあり得ます。そのような場合にはレバレッジを増やすべきでないのはなおさらです。

　債権者の側は、借入の比率が低ければ低いなりに、高ければ高いなりに、要求する利率を変化させますから、この比率の高低には無関心です。つまり、借入の比率は債権者の満足度に影響しないわけです。

　ところで、実際のＭＭ定理は、上場会社を分析の対象にしたものです。その内容を簡単にまとめると、「借入を増やしても株主は喜ばない＝株価は割高にならない」となります。上場会社の株主がきちんとものを考えていれば、借入を増やすと株主にとってリスクが増えるので、株主が要求する「予想される収益率」は高くなります。ところが、「予想される収益率」が高くなっても、株主が「要求する収益率」もその分高くなると、結局、株価の相対的な価値は変わらないのです。

MM定理

図：資産 → 負債／資本

負債と資本の比率を変えても、資産が生み出す金額は変わない → 負債の比率を高めても株主の満足度は高くならない

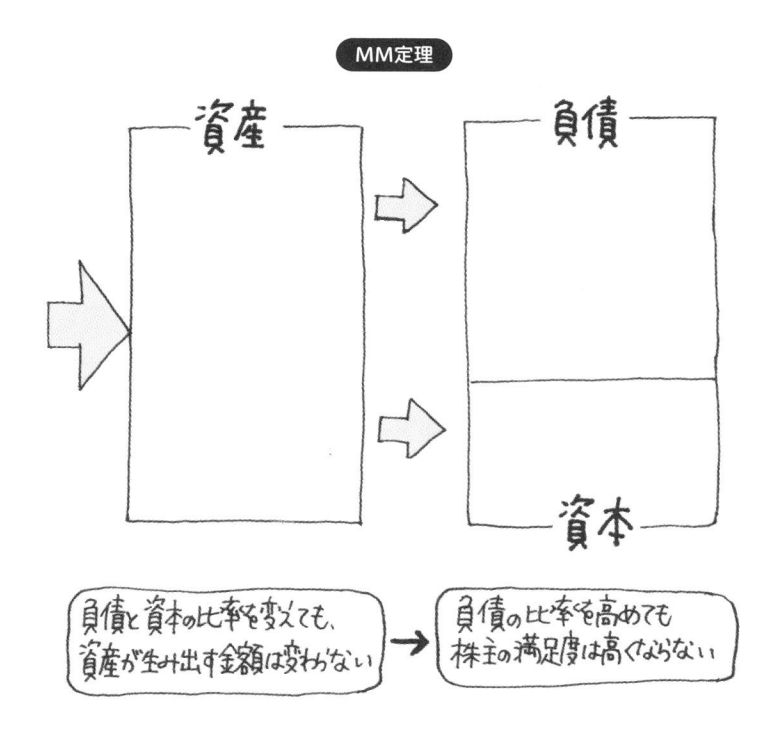

$ 借金は安い

　MM定理には「実は」というのがあります。利息は損益計算書上の費用になって、税金のかかる利益をマイナスにする方向に働くため、**会社の（損益計算書上の）利益に税金がかかるという税体系になっている限り、借入は有効である**というのがそれです。

　次の第4章の(4)でも詳しく見ますが、借入は見た目よりも安い資金調達手段であって、その効果が反映されるというのです。上場会社ということであれば、要するに、株価が上がることもあるという意味になります。ただ、借入を増やすと借入の利率が上昇するので、その点を踏まえると、いくらでも借入を増やせばいいというものではありません。

　また、債権者や株主は、実際には自分勝手な意見を持っているので、リスクや確率に応じて予想される収益率を微調整するわけではありません。たとえば、借入・社債の額が増えると、株主から見た収益率のブレ

が大きくなるため、その分、要求する収益率は高くなるはずです。しかし、借入を増やすことで資産の側の予想収益率が上がったことを好感して、リスクも上昇していることに気付かず、株主が要求収益率を変えないということがあるでしょう。そのような場合、上場会社であれば、株価が上がる要因になるというわけです。

　もっとも、理論には前提があり、理論と現実とが一致しないときには前提のどこが異なるのかを探ることには意味があります。そのような観点からは、ＭＭ定理は画期的な理論と認識されています。また、ＭＭ定理の分析手法をたどると、会社が資産を使って稼いだカネは、債権者への支払いと株主の収益になるというのが出発点になっており、次章で展開するように、企業価値評価のベースと一致しているのです。
　ＭＭ定理をみなさんの生活にあてはめると、住宅ローンに関連する減税措置が使える場合には、手元におカネがあってもローンを借りるべきだという話になります。税金の存在によって、分析が歪むのです。

負債が多いとなにが問題なのか
★10 住宅ローンの返済額を減らすためには頭金を増やせばよい

　日本では、「欲しいものは借金してでも買え」という文化はあまりなく、むしろ貯蓄が美徳とされる傾向が見られます。個人のレベルでは、住宅ローン以外の借入はあまり望ましくないという感覚がなんとなく社会に蔓延しているのです。

　会社であっても同様で、無借金会社がもてはやされるのはその表れです。もちろん、無借金会社を称賛するのは、実際には会社の規模がある程度大きくなると無借金でいることが難しいからということでもあり、ある種の憧れでもあるわけです。

　一方、レバレッジという観点からは借入が悪いことではないのは前の(9)で説明したとおりです。借入の利率が一定の範囲に収まっていれば、**レバレッジが高い、つまり、借入が多い（あるいは借入の比率が高い）ほど株主の出資した資金の効率はよくなります**。その分はリスクが高くなっているのですが、リスクが高くても予想される収益率も高くなる範囲であれば、借入は推奨されてもいいわけです。

　では、借金は多いほうがいいという考えかたと借金は少ないほうがいいという考えかたとでは、どちらが正しいのでしょうか？

　簡単にいえば、インフレが期待されて、名目での業績がどんどん良くなっていくことが予想されるときには借入はすればするほどいいですし、逆に、デフレが続いて、名目での業績が伸び悩むもしくは悪化しているときには借入は少ないほうがいいというのが結論です。しかし、今後、インフレになるかデフレになるかは誰にもわからないわけですから、なかなか悩みどころです。

$ 元本は待ってくれても、利息は待ってくれない

　事業を進める上で難しいのは、**固定費と変動費のバランス**です。**固定費**とは**売上の多い少ないと関係なくかかるおカネ**で、**変動費**とは**売上が**

増えると増え、売上が減ると減る、支払いです。

　若旦那の時計屋さんは会社が持っている土地・建物を使っていますが、不動産の固定資産税・都市計画税や、建物の減価償却費は、腕時計がたくさん売れても、まったく売れなくても、損益のマイナス要因となります。また、お客さんがまったく来なくても照明をなくしたり、警報装置を切ったりすることはできませんから、これも固定費です。

　一方、春の卒業・入学のシーズンやクリスマスでお客さんが増えると、近所の奥さんにパートで店員を頼みます。忙しい時間に声をかけると手伝いに来てくれ、お客さんがいなくなればご自宅に戻るので、忙しいときだけ時給を払っているのですが、これは変動費です。一般的には、売上原価は典型的な変動費です。

　ここで、損益分岐点と価格戦略の話になると、餃子屋さんとかコーヒー・ショップについての本の内容と重なってしまいますが、それはここでは省略するとしまして、普通は、**固定費は少ないほうが、また、固定費の比率は低いほうがいいと考えます**。売上がゼロでも費用がかかるのが固定費ですから、売上が落ち込むと赤字になってしまうからです。減価償却費は現金が出ていきません（(7)を参照してください）が、現金が出ていくとなるとなおさら大変です。

　では借入はどうでしょう？　借入をすること自体は損益には直接影響するものではありません。しかし、借入をすると、利息を払わなくてはいけません。そして、利息の額は借入の額に比例して増えていきます。ということは、**固定費を増やさないほうがいいという観点からすると、借入は少ないほうがいい**ということになるのです。

　これは現金の出入りから見ても同じです。利息というのは実際に現金として出ていきます。もしかすると、手持ちのおカネがないといえば、金融機関が元本の返済を猶予してくれることはあるかもしれませんが、その場合でも利息は支払わなくてはいけません。

　売上があってもなくても、あるいは多くても少なくても、支払う金額が決まっているというのは、ビジネスの柔軟性を奪います。しかも、その金額が大きくなると、その影響は大きくなります。おカネを借りたら

利息を払わなくてはならないが、利息は売上の有無・多少にかかわらず発生する固定費なので多すぎないほうがいいのです。そして、利息を多くしないためには、借入は少ないほうがいいというわけです。

💲 元本を返済するためには、ものすごく儲ける必要がある

ただ、利息支払いの怖さは、元本返済の怖さと比べれば大したことはありません。というのも、銀行からの借入の金利というのは、大企業だと1％を下回っていることもあるでしょうし、中小企業でも5％を上回ることはまずありません。

利率が5％だとすると1億円借りていれば500万円、10億円借りていれば5000万円が年間の利息で、これが固定費となるのですから大変は大変ですが、元本の1億円や10億円をすぐに返せといわれることと比べればまだましでしょう。

元本返済そのものは、借入と同じで損益とは直接関係がありません。しかし、元本を期日に返済できなければ会社はツブれてしまいます。金額が大きいこともあり、元本の返済は会社にとってとても重要なことなのです。

ところで、利息は税金のかかる前のおカネから支払うことができました。損益計算上、費用となるからです。しかし、元本はそういうわけにはいきません。(7)で見たとおり、**元本返済の基になるのは売上ではなく、フリー・キャッシュ・フローであり、簡単にいえば、税引後の利益か減価償却費で支払うしかない**のです。

ですから、元本を返済するのは、同じ金額の利息を支払うのよりもはるかに大変です。

100万円の利息を支払うためには、他の費用との優先順位の問題はあるにせよ100万円の売上があればいいというのは(2)で見たとおりです。しかし、100万円の元本を返済するためには税引後の利益が100万円なくてはならず、税率を(1)で見たとおり35・64％だとすると155万3760円の税引後利益が必要ですから、売上が全部利益になるのだとしても同じ額だけ売上が増えなくてはならないのです。

この点は前の(9)で見たＭＭ理論の大きな問題点であり、また、次章で検討する企業の平均資金コストが現実から乖離しているところです。元本を返済しなくてよいのであれば利率だけを計算すればいいのですが、実際には利息だけではなく、元本も期日に返済しない限り会社はツブれてしまいます。そして、元本を返済するには多額の利益を上げなくてはいけないのです。

$ 借金を返すための借金

もちろん、これだけの利益が常に上げられる会社ばかりではありません。たとえば、パナソニックの2013年3月末時点での借入や社債などの残高は参考資料3-4（134ページ）からわかるとおり1兆1434億円ですが、これを全額返済するためには同額の税引後利益が必要です。ところが、同社は2009年3月期からの5決算期のうち4期で赤字を計上していますから、利益から元本を返済するのは現実的ではありません。

一方、借入には必ず期日があります。返済しなくていいおカネであれば利息さえ払っておけばいいですが、返済しなくていいというのは借入という表現と矛盾しています。

実は、**期日が到来した借入を返済する一番簡単な方法は、同額を借り入れること**です。営業ＣＦのプラスと投資ＣＦのマイナスとを合わせてもマイナスになる場合には財務ＣＦをプラスにすることで帳尻を合わせるというのがキャッシュ・フロー計算書の見かたであることを(3)で紹介しましたが、元本の返済、つまり、財務ＣＦのマイナス分を埋めるだけのプラスを営業ＣＦと投資ＣＦで作れないのであれば、財務ＣＦをマイナスにしないようにするしかありません。

財務ＣＦをマイナスにしないというのは、元本を返済しないか、あるいは、返済のための元本を再度借りてくるということですが、両者は結局は同じことです。このことを格好よくいうと「**リファイナンス**」ですが、要するに「借り換え」を続ければいいということです。

借り換えのいいところは、利益を用いて返済する場合と異なり、同じ

金額だけ手当てすればいいことです。利益を用いて元本を返済するためには100の元本のために155の税引前利益を上げなくてはいけませんが、借り換えであれば100の元本に対して100借りてくればいいから楽なのです。

　しかし、**借り換えに依存するのは極めて危険**です。というのも、借り換えというのは、金融機関が応じることを前提にしていますが、金融機関の側は借り換えに応じる義務がありません。期日が到来した融資を返してもらうことは、道義上はともかく、法律的には問題ありません。そして、銀行が借り換えに応じなければ、会社の側は返済資金がなくてツブれてしまいます。つまり、会社の生殺与奪を銀行が握ることになるのです。

　無借金会社が羨望される理由は、まさにここにあります。銀行から融資を受けている会社の多くは、期日が到来する借金を借り換えなしで返済できるほど儲かっているわけではありませんから、その存続は銀行の意向で決まります。**銀行がツブそうと思えば、たいていの会社はツブれてしまう**のです。これは、利益のあるなしに関係ありません。ところが、借金がない会社はそうではありません。銀行がなんといおうがツブれないわけです。若旦那の先代の教えは、ちゃんと意味のあるものだったのです。

　今の話は、みなさんの生活の中では、住宅ローンの返済額をどう考えるのかというのと似ています。住宅ローンには借り換えという概念はあまりありませんが、借入額が大きく、利率が高いと返済金額が大きくなり、その分、住宅ローンの返済が苦しくなります。そして、住宅ローンの返済に滞ると、家を取られてしまうかもしれません。それを避けるためには、利率の低い借入を選択しようとすることもなによりですが、できるだけ頭金を用意して、返済負担を少なくしようとするはずです。会社の借金も発想は同じなんですね。

若旦那　「中小企業の経営は、なにをおいても資金繰りだって聞いたことがありますけど、中小企業だけではなくて上場企業も、おカネのことって大切なんですね。上場すれば、資金繰りなんて関係ないと思ってました」

ご隠居　「規模の大きな上場会社の場合、専門の部署があって何人もの人が見ているという違いはあるけれど、おカネがなくなったら事業がたちゆかなくなるのは同じなんだよ」

若旦那　「おカネを借りるって大変なんですね。借りたものは返さなきゃいけないですもんね」

ご隠居　「日本の政府が借金をすぐに返せないのと同じように、金融機関の側も、おカネを借りている会社がすべての借入をすぐに返済できるとは思っていないんだけど、それに甘えていると力関係でどうしても金融機関が強くなってしまうんだね。海外ほどは株主からの圧力が強くない分、日本の上場会社は金融機関寄りの経営をしているのかもしれないけどね」

第 4 章
企業評価をめぐる論点
「隣町の時計屋さんの価値はいくらか？」

第4章　企業評価をめぐる論点

　若旦那は、これまで街の時計屋さんとして、老舗の看板でビジネスをしてきましたが、隣町の同じような時計屋さんに後継者がおらず、店をたたむことも検討しているという噂を聞きました。
　儲かっていないわけではなく経営者の引退が原因のようですが、老舗の時計屋さんがなくなるのはもったいなく、かつ、老舗の看板を守るという自分の得意なビジネス・モデルでもあるため、若旦那はその時計屋さんの経営権を取得できないかと考え始めたところです。

　本書の中で、第2章では資金を運用する側から、第3章では資金を調達する側から、それぞれファイナンスについて考えてきました。この第4章では、これまでの内容を踏まえて、**会社の価値をどのように考えたらよいのか**を検討することにしましょう。
　会社の価値を考えるというと難しく聞こえるかもしれませんが、やりたいことはそれほど特殊ではありません。たとえば、株式会社の株式をすべて取得すればその会社は思いどおりになり、そのことを「M&A」とか「企業買収」といいます。
　M&Aでは、適切な価格で買収することが大前提ですが、M&Aそのものが株式の取得なのだとすると、結局のところ、理論的に適切な株価はいくらであるのかを調べることと同じです。これは、若旦那が隣町の時計屋さんの経営権を取得しようとするときも、日本を代表する上場会社が別の上場会社と合併する場合も同じです。そして、上場会社であれば、その株価は金融商品取引所での売買取引によって決まっていますが、それに対して理論的な値段というのを考えようということに他ならないのです。

若旦那　「ご隠居、ご隠居。隣町で時計屋が売りに出るかもしれないんで、買いたいんですよ」

ご隠居　「そりゃまたずいぶんと急な話だね。うまくいっているビジネスだったら買ってもいいだろうし、企業投資は私も専門だったから、相談に乗ることはできるよ。で、価格の話とかは出ているのかい」

若旦那　「はっきりしたことはわかんないんですけど、なんちゃらの20年分とか、エビがどうとか、専門用語が出てきて、それで5億円とかからしいです」

ご隠居　「ほー、そんな話が出ているんだとすると、それなりに具体的なようだね。で、たとえば5億円の資金を自分で用意できるのかい？」

若旦那　「いや、なんでもレバ刺がどうとか、塩ビがどうとかでおカネはなんとでもなるような話なんですよ」

ご隠居　「おやおや、それはまたいいかげんな話だね。専門の業者が間に入っているみたいだから、どれ、ちょっと私も同席して話を聞いてみようかね」

　若旦那は簡単に考えているようですが、相手の側には専門家もついているようで、なにやら複雑な理論が必要な気配があるようです。

第 4 章 ｜ 企業評価をめぐる論点

配当還元モデル

1 将来受け取る金額の合計を考える

　株価の理論的な価格を算出する上で最も基本的な考えかたは、株を持っていると**配当金**がもらえることに注目するものです。私たちが株の購入を含めた投資をするのは、投資をすることによって将来なんらかのおカネを受け取ることができるからだと考え、将来受け取ることになるおカネを評価すればその投資の価値がわかるというのが**「配当還元モデル」**の根本にある考えかたです。

$ 将来の配当金を合計すれば株価になる

　配当還元モデルでは、株を債券のように評価しようとします。私たちが債券に投資をするのは、第 1 章 (6) で見たとおり、将来、利息を受け取り、かつ、あらかじめわかっている日に元本の返済を受けられるからです。

　では、債券はどのように評価されるでしょうか？

　一番わかりやすいのは、**今後受け取る金額の総額**がいくらになるかでしょう。額面（利息計算の基となる元本で、発行者が返済・償還する金額）が 100 万円、表面利率（利息計算のための利率）が 1 ％（半年ごと利払い）、期間が 5 年という債券を持っていると、半年ごとに 5000 円の利息を受け取り、5 年後には 100 万円の元本の返済を受けることになりますから、5 年間での受け取り総額は 105 万円となります。単純に考えれば、この債券の価値は 105 万円といえるでしょう（ここでは、第 1 章 (4) で見た「現在価値」や、(8) で見た「利回り」をとりあえず無視しています）。

　これを株に応用するとどうなるか？　たとえば、1 株について毎年 5 円の配当金を、今後 20 年間支払うという株があれば、20 年間の受取総額は 1 株あたり 100 円です。つまり、この株の価値（＝株価）は 100 円だ！　となるわけです。

若旦那がなんとなく聞いたところでは、隣町の時計屋さんは資本金が1000万円の株式会社ということだったので、1000万円で経営権が取得できるのかしらと単純に思っていたのですが、どうもそういうことではないようです。

　というのも、20万株の株式を発行していて、創業以来50年間、毎年1株5円の配当金を払っているようなのです。現在の社長は創業者の息子さんで2代目なのですが、親御さんが亡くなって株を相続したのが20年前で、毎年1株あたり5円、20年の合計で100円の配当を受け取っていますから、全株の価値は2000万円だと思っているふしがあるのです。

　こう考えれば、みなさんもわかるでしょう。ある小売店で、毎月1000円の割引をしてくれる会員証が1年間有効だとします。この会員証の価値は、会員証がなかったとしてもこのお店で毎月1000円以上の買い物をする人から見ると、1万2000円の価値があります。1000円が12回もらえるのと同じ意味だからです。

$ ちょっとした計算で目からウロコ

　配当還元モデルは、株を持っていることで将来受け取る配当金を基に株価を算定しようという考えかたです。さきほどは、将来受け取る金額の総額を考えてみて、それはそれでラフには有効な考えかたですが、債券の場合と同じで、本当はもう少し厳密にやらなくてはいけません。

　額面が100万円、表面利率が1％（半年ごと利払い）、期間が5年という債券を100万円で買うと、利回りは1％です。これを反対側から見ると、半年ごとに5000円を10回・5年間受け取り、さらに、5年後に100万円を受け取る場合、利回りが1％だとすると、その価値は105万円ではなくて100万円だということです。

　これは、第1章(4)で見た「現在価値」の計算です。利回りが1％のとき、今の債券を保有していることによって受け取る将来の金額を現在価値にすると、105万円ではなくて100万円になるのです。そうでなければ、この債券の価値・価格は100万円ではないはずなのです。

これを株式に当てはめてみると、1株あたり5円の配当金が20年間払われるといっても、株価が直接100円になるわけではありません。仮に、利回りが1％だとすると、株価はほぼ90円となります。90円を投下して、毎年5円ずつ20年間受け取り続ければ、元本の払い戻し分と利息分とを加味して利回りが1％になるのです。第1章(4)で出てきた表現を用いると、割引率（＝現在価値に直すための金利）が1％のとき、毎年5円の配当が20年続くというおカネの現在価値は90円余りだということです。

　ところで、**会社というものは、普通、未来永劫ビジネスを続けることを前提としている**はずです。若旦那の時計屋さんも20年や30年といった期間を設けず、ずうっと今のままでビジネスを続けようと思っているわけです。なので、たとえば1％という割引率が正しいとしても、20年間しか配当を受け取ることができないというのは現実的な想定ではありません。では「未来永劫」というのは、どのように評価したらいいのでしょうか？
　詳細は省略しますが、未来永劫続くと思われるおカネの現在価値は、**未来永劫続くと思われる金額を割引率で割れば**求められます。
　仮に、5円という配当金が未来永劫続くと思われるときで、かつ、割引率を1％とすれば5円÷1％（＝0・01）＝500円が現在価値となります。この場合、500円が株価となるのです。

　この**「株価＝配当金÷割引率」**という式は単純ですが、ここから重要な2つの点を読み取ることができます。
　ひとつは、**「配当金が増えると思われれば、株価は上がる」**というものです。実は、この単純な結論そのものには筆者は賛成しませんが、配当金を増やせる会社は業績も好転しているはずであり、「業績がよくなっている会社の株価は上がる」といい直せば納得です。
　もうひとつは、**「金利が下がれば株価は上がる」**というものです。国債の利回りや銀行預金金利などの金利が下がると、おカネを出して株式を買い、株式を保有して稼ごうというときの、稼ぎと購入価格との割合

である割引率も下がり、株価は上がるのです。

💲 配当金を払わないハイテク企業の株価はゼロ？

　配当還元モデルは、株を持っていれば配当金の形でおカネを受け取るはずであり、そのおカネを現在価値にすれば株の価値がわかるという考えかたです。受け取るおカネこそが重要だという点で、株を債券と同じように評価しようとするのです。

　しかし、この方法には決定的な難点が2つあります。

　まず「未来永劫」続く配当金の**割引率として適切な数値がわからない**ということです。さきほど見たとおり、世の中全体の金利が上がっているときにはこの割引率も上がるでしょうし、逆に、世の中全体の金利が下がっているときにはこの割引率も下がるのですが、そもそもの値がわからない限りは方向性という議論にしかなりません。

　たとえば、**ソフトバンク**は2012年3月末時点の株主に1株40円、同年9月末時点の株主に1株20円、2013年3月末時点の株主に1株20円という配当を支払っています（**参考資料4-1**、次ページ）が、この年間40円、または半年ごとに20円という配当金が未来永劫続くとしても、適切な割引率がわからない限り、この配当金から株価を算出するわけにはいかないのです。

　ちなみに、仮に割引率を5％だとすると800円が株価ということになりますが、実際のソフトバンクの株価は2013年6月末時点で5790円でしたから、割引率は0・7％程度であったことになります。

　次の問題はもっと根本的で、**配当還元モデルに基づくと、配当金を支払わない会社の株には価値がないことになってしまう**ことです。しかし、**これは事実ではありません。**

　外国の例ですが、マイクロソフトは創業から2003年まで配当金を支払ったことがありませんでしたし、アップルも1995年12月を最後に2012年8月まで配当金を支払いませんでした。また、フェイスブックやリンクトインはこれまで配当金を支払ったことがありませんし、2013年10月に公募増資・上場計画を発表したツイッターも、開示書

第 4 章 | 企業評価をめぐる論点

参考資料 ★ 4-1

ソフトバンクの配当、純資産、当期純利益など

連結経営指標等

回次		2008年度	2009年度	2010年度	2011年度	2012年度
決算年月		2009年3月	2010年3月	2011年3月	2012年3月	2013年3月
売上高	(百万円)	2,673,035	2,763,406	3,004,640	3,202,435	3,378,365
経常利益	(百万円)	225,661	340,997	520,414	573,651	653,214
当期純利益	(百万円)	43,172	96,716	189,712	313,752	289,403
包括利益	(百万円)	─	─	219,942	356,988	554,233
純資産額	(百万円)	824,798	963,971	879,618	1,435,640	2,106,459
総資産額	(百万円)	4,386,672	4,462,875	4,655,725	4,899,705	6,524,886
1株当たり純資産額	(円)	346.11	434.74	572.14	852.69	1,316.90
1株当たり当期純利益金額	(円)	39.95	89.39	175.28	285.78	258.35

提出会社の経営指標等

回次		2008年度	2009年度	2010年度	2011年度	2012年度
決算年月		2009年3月	2010年3月	2011年3月	2012年3月	2013年3月
売上高	(百万円)	12,343	12,900	35,161	43,700	46,020
経常利益又は経常損失(△)	(百万円)	△19,789	△20,581	24,653	36,634	113,896
当期純利益又は当期純損失(△)	(百万円)	2,785	33,095	△2,296	25,339	75,999
資本金	(百万円)	187,681	188,750	188,775	213,797	238,772
発行済株式総数	(株)	1,081,023,978	1,082,503,878	1,082,530,408	1,107,728,781	1,200,660,365
純資産額	(百万円)	401,665	435,211	419,752	493,002	885,635
総資産額	(百万円)	1,349,878	1,491,232	2,185,506	2,985,073	3,873,731
1株当たり純資産額	(円)	371.62	402.11	387.72	448.70	743.21
1株当たり配当額	(円)	2.50	5.00	5.00	40.00	40.00
(内1株当たり中間配当額)	(円)	(─)	(─)	(─)	(─)	(20.00)

(同社発表資料より作成)

類の中で、これまで配当を支払ったことがないだけでなく、近い将来配当をする予定もないことが明確に記載されています。では、これらの会社の株が、配当を支払っていないからといって価値がなかったか、あるいは価値がないのかというと、そんなことはないのです。

PERとその意味

2　1か月使い放題の スポーツクラブの料金を 都心と郊外とで比較する

　株式の価値の評価として配当を基準にするのが前の(1)で見た配当還元モデルですが、配当のない株を評価できないという問題があります。また、配当を払っていても、適切な割引率がわからないという難点もあります。

　ところで、配当をたくさん払う会社のほうが株価が高いというのは、本当に適切な株価の評価方法でしょうか？　あるいは、ある会社が配当をたくさん払うようになると株価が上がるというのは適切なのでしょうか？

　そもそも、株主というのは会社の持ち主ですから、会社が儲けたとすると、その儲けは株主の儲け、つまり、株主のおカネが増えたことと同一視できるという話は、本書で何度か紹介しています。簡単にいえば、株主は配当金を受け取るために会社に出資しているのではなく、会社に利益を上げてもらうために会社に出資しているはずなのです。これを前提にすると、**会社の価値を測るときの基準になるのも、配当金ではなくて会社の利益のほうが適切**なはずです。そこで出てくるのが、ここで取り上げるＰＥＲです。ＰＥＲは Price Earnings Ratio の略で、文字どおり、株価（Price）と利益（Earnings）の比率（Ratio）を表します。読みかたは、ぺーではなくピーイーアールです。

$ 新人選手の契約金とその回収

　プロ野球の有望な新人選手には、契約に際して契約金が支払われます。また、サッカーでは移籍に際して移籍金が発生することがあります。実際はともかく、あれはいわば選手の「価値」なわけですが、ファイナンス的に考えれば、この支払いは将来的に回収できないと意味がありません。

第 4 章　企業評価をめぐる論点

　その「回収」ですが、あまり厳密に考えなければ、球団・チームにどのくらいの利益をもたらせてくれるかが判断基準でしょう。野球やサッカーはスポーツであると同時に興行でもあるので、おカネという観点からは球団・チームが強くなることによって観客動員数が増えるなど、おカネの形、つまり利益の増加につながることを望みます。
　スポーツの場合、ビジネスよりももっと不確実性（リスク）が高いものの、その際、たとえば「何年で回収できるか？」というのがひとつの基準になるでしょう。契約金が1億円でも、その選手がいることによって10年間で1億円の利益が増えるようであれば、10年で資金が回収できたことになります。移籍金が4億円かかっても、それによってたとえばスポンサーから毎年2億円余分に広告費が出るのであれば、2年で回収できたことになるわけです。

　ＰＥＲという指標の最も感覚的な理解は、この**「資金を何年で回収できるか」**という考えかたです。**ＰＥＲは、株価を「1株あたり利益」で割って求めます。**この場合の「利益」は、株主が実感できる利益なので、税引後利益であって、かつ、通常は1年分の利益で考えます。
　また、「1株あたり利益」というのは、会社の利益を、発行済み株式数で割った金額です。株価というのは1株あたりの会社の価値といえますから、利益も、会社全体ではなく、1株あたりの利益を用いるのです。つまり、株価が、**「1年分の利益の何倍か＝何年分の利益と等しいのか」**を示すのがＰＥＲなのです。

　ＰＥＲが優れているのは、**すべての株価を「利益の何年分（何倍）か」という同じ基準で比較できる**ことです。ちょうど、体重だけを見ても太りすぎか痩せすぎかはわからないため、身長との比較をしなくてはならないのと似ています。
　余談ながら、何歳以上を中年と呼ぶかはともかくとして、中年以降の読者ですと「ＢＭＩ」という指標を聞いたことがあるでしょう。ＢＭＩは、体重を身長との関係という基準ですべての人を比較できるようにしているものなのです。

ですから、たとえばですが、自動車会社のＡの株価が500円で、自転車販売会社のＢの株価が１万円だというとき、Ａ社の株が安く、Ｂ社の株が高いとはいえません。しかし、Ａ社の１株あたり利益が25円、Ｂ社の１株あたり利益が400円だとすると、Ａ社株のＰＥＲは20倍、Ｂ社株は25倍となり、Ａ社の株を今買えば20年で回収できるのに、Ｂ社の株を買うと回収に25年かかるわけですから、Ａ社の株のほうが、ＰＥＲという観点から見れば割安だといえるのです。

みなさんの生活の中では、１回ごとに利用料金がかかるのと１か月使い放題という料金のシステムがあるスポーツクラブ同士で、１か月使い放題の料金の割安・割高を比較するようなものです。都心のスポーツクラブは料金が高く設定される一方、郊外のスポーツクラブは相対的に料金が安くなりますから、絶対金額を比較してもあまり意味がありません。ではなくて、何回いけば元が取れるかという倍率を基に、どちらがよりおトクかを判断しようというのがＰＥＲと同じ発想なのです。

ＰＥＲの利点

金額でどちらがトクかは比べられない
→ 行く回数が多いほうがトク!!

💲成長性が期待できると価値は上がる

今の話を反対から見てみると、利益水準と、適正なＰＥＲがわかれば、適切な株価が算定できることになります。

確かに、(1)で「正しい」割引率などよくわからないという議論があったように、「適正なＰＥＲなどないのでは」となりそうですね。しかし、配当は利益があっても払ったり払わなかったりしますし、利益に対する配当の額もまちまちですが、会社は利益を上げるためにビジネスをしているわけですから、利益の相対的な水準というのは、会社ごとに大きな差はないはずです。ＰＥＲが「株主から見て、株を購入するための資金が何年で回収できるか」というものであることを考えると、似たような会社であれば似たようなＰＥＲに近付いてくるとも考えられます。

たとえば、ＮＴＴの2013年3月末までの1年間についての1株あたり利益は432円44銭、ＫＤＤＩは315円90銭で、同年6月末の株価はそれぞれ5140円、5390円でしたからＰＥＲはそれぞれ11・9倍、17・1倍でした。ソフトバンクの適正なＰＥＲはＮＴＴやＫＤＤＩとそれほど離れていないような気がしますから、たとえば両者の中間だとすると14・5倍ということになり、ソフトバンクの2013年3月期の1株あたり利益258円35銭から逆算すると、適切な株価は3739円あたりとなりそうです。

ところが、**ソフトバンク**の2013年6月末時点での実際の株価は、5790円でした。ＰＥＲで見ると、22・4倍です（**参考資料4-1参照、192ページ**）。なぜこのようなことが起きるのでしょう？　結論から先にいうと、**利益の成長が見込める会社のＰＥＲは高くなる**からです。

ＰＥＲを求める式を思い出してみましょう。ＰＥＲは株価を「1株あたり利益」で割って求めるのですが、ここで分母となっている1株あたり利益は、通常は「一番最近の実績」でしかありません。3月末決算の会社であれば、3月末までの1年間の利益の実績を用いるわけです。

日本でも上場会社ですと四半期決算の数字が取れますから、過去の決算書類から「過去4四半期の累計」を仮の1年の数字とすることも可

能です。また、アメリカでは、会社側が発表している決算予想の数字を用いて、予想値ベースのPERを用いることも行なわれています。ただ、いずれの場合も、実績、つまり過去の数字しか使っていないのです。

しかし、毎年利益が増えていくような会社のPERの計算として、これは適切なやりかたでしょうか？

仮にですが、毎年利益が10％上がっていくとすると、現在の利益が1株あたり25円だとしても1年後には27円50銭、2年後には30円25銭となりますから、3年の平均を取ってみると27円58銭です。このペースで増えていくかどうかは別として、この会社の実力としての利益水準は1株あたり25円でないことは間違いなく、27円58銭と考えるほうが適切です。

今のやりかたで考えると、500円の株価であれば18年ちょっとで回収できるはずなのですが、最も近い実績を使うとPERは20倍にしかならないわけです。

もちろん、将来のことは誰にもわかりません。しかし、1株あたり利益が同じであっても、会社としての利益の増えかたが他社よりも速い・大きいと思われている会社については、PERが高くなり、株価が高くなるのです。

考えてみれば、利益が増えていく会社と、そうでない会社とで、前者の会社の株価のほうが高いはずだというのは当然です。これは、回収期間あるいはPERという観点から正当化できる話なのです。

スポーツクラブの話では、通う頻度が高くなりそうなほうには、多少割高であっても意味があるということになります。駅から近いとか、メンバーに格好いいお兄さん／キレイなお姉さんが多いとか、理由はなんでもいいのですが、頻度が高くなりそうであれば、1回ごとに料金を払う方式との比較で割高でも、元は取りやすいと考えられますね。

💲 安定性も評価の対象

結局、株価というのは会社の将来の利益を反映しているものですが、

私たちは将来のことを事前に知ることはできません。ですから、将来の利益を正確に反映させてＰＥＲを計算することはできないのです。ですから、ある会社の業績について、多くの人が「今よりもよくなるに違いない」と思っていても、将来のことですからそれは確実ではなく、そのような予想を反映して株価は上がりますが、ＰＥＲは「使える」「見える」数字を用いて計算するためＰＥＲが高くなるのです。

また、第１章の前半で検討した「リスク」の考えかたを応用すると、**利益の水準が安定している会社**と、そうでない会社とでは、平均的な利益が同じでも、前者の会社の株価のほうが高くなり、ＰＥＲも高くなるといえます。

最も近い決算期の利益がともに１株あたり25円の会社が２つあった場合、片方は過去20年間毎年１株あたり25円の利益を上げている一方、もう１社は１株あたり利益が10円のときもあれば40円のときもあるという時期が長く続いている場合、前者の株価のほうが高くなるのです。

なぜかというと、前者の会社では、今後も安定的に１株あたり25円の利益が出そうだと思う人が多いため、20年で回収できればいいと思います。一方、後者の会社では、利益の安定性に不安があるため、同じだけ利益を上げているのかもしれないけれど、20年ではなく、たとえば12年とか15年で回収できなければ不安だと思う人が多いのです。ＰＥＲが12倍であれば株価は300円、15倍だと375円となるわけです。

実際には、業績が本当に安定している会社というのはなかなかなく、むしろ不安定なほうが普通です。ですから、今の議論を正確にすると、業績に安定感がある会社はＰＥＲが高く、株価が高くなりやすい、と覚えておけばいいでしょう。

別の言いかたをすると、**回収期間に関する予見性が高いほど株価は高くなってＰＥＲも高くなる**のです。ですから、さきほどの成長性の議論と組み合わせると、利益が着実（＝予見性が高い程度）に伸びていく（と思われている）会社があれば、そのような会社のＰＥＲはものすごく高くなることがあるのです。

スポーツクラブのたとえを使うと、月によって行ったり、行かなかったりのブレが少ないスポーツクラブであれば、多少割高に見えても意味があるということになります。予見性の高い分がプラスに評価されるんですね。

$ アパレル業界におしゃれな人が多いのは当たり前

適切なPERをひとつ「これだ」と決めるのは難しいのですが、比較という意味では、**同業他社を利用する**のが有効です。逆にいうと、違う業界の会社の株価とPERを比較することで得るものはあまりありません。というのも、今後の業績と業績の安定性というPERに与える影響は、いずれも、そもそもどの業界にいるかによって異なるからです。

たとえば、総合商社大手のPERはどこも7から8倍程度ですし、メガバンクのPERも10倍前後でしかありません。東京証券取引所によれば、2013年6月末の東証一部上場企業のPERは単純平均で20・5倍、加重平均で23・1倍でした。日本を代表する企業がそろっている総合商社やメガバンクがその半分もなく、10年程度で投資資金が回収できる計算というのは若干妙な気がしますが、さきほど述べたような見通しを投資家が持っているのでしょう。

日本の他の会社と比較すると、業界全体として、業績の予見性が著しく低いか、あるいは、業績がどんどん悪くなっていくと思われているということなのです

このように、PERには、正しいことなのかどうかは別にして業界の特性があります。なので、適正な株価がどの程度かを考えるときには、業界の特性を考え、その上で個別の会社について考えることになるのです。

ある人がおしゃれかどうかというのは、確かに世の中の平均と比較することにも意味があるでしょう。しかし、もともと周囲の人がおしゃれだとすると、その人は意識しなくてもおしゃれになっているのかもしれません。

なので、おしゃれ度を本当に見極めようと思ったら、その人の周囲の人と比較したほうがいいわけです。商社やメガバンクは、今の比喩でい

えば、コンサバなファッションの人が多いという感じでしょうか。その中でおしゃれな人というのは、世間一般から見ればまだまだ保守的なのでしょうが、同じ職場の人の間ではヒカって見えるということなのでしょう。

では、ソフトバンクのＰＥＲはどのように考えるべきなのでしょう？

たとえば、日本通信という通信会社のＰＥＲは2013年6月末には24・4倍でしたから、携帯電話・移動体通信としては20から25倍くらいが妥当ということなのかもしれません。あるいは、例のカリスマ経営者がいる限り、ソフトバンクには事業の安定性もしくは成長性が見込めるということなのかもしれません。いずれにせよ、なかなか、簡単に企業評価に応用できるほどＰＥＲを明確な基準にできるわけではないようです。

純資産とPBR

3 マンションの財産としての価値は住宅ローンの価値を控除した後で考える

　会社は株主のものであって、会社の利益は株主のものです。会社に利益を上げてもらおうと思って出資をする株主は、一方で、その出資したおカネを回収しなくてはいけませんが、株主にとっては会社が利益を上げてくれれば、配当の形で現金を受け取らなくても、それで回収したことになります。そこで、株主が会社の利益から何年ぐらいで資金を回収できるのかを見ようとするのがＰＥＲです。

　他方、会社が株主のものであるということは、会社の資産は株主のものです。もっとも、それをいい始めると、会社の負債（＝借金）も株主のものです。ということは、実際には、**会社にある資産から負債を引いたその残りは本当に株主のもの**だということになります。そこに注目する指標にはＰＢＲがあります。ＰＢＲとは Price Book-value Ratio で、株価（Price）と Book-value（帳簿上の価値、ここでは後述する純資産のこと）との Ratio（比率）を表します。

$ 会社は株主のものだから

　話を単純にするために、中小企業としては少し規模が大きい、総資産50億円という会社を考えてみましょう。財務諸表だと、貸借対照表の左側に50億円あるということです。で、この資産を手に入れるためにはおカネが必要なわけですが、その一部は銀行からの借入に頼っていることにして、その金額は30億円だとしましょう。

　では、この会社を買うのに、いくら払えばいいでしょう？

　ＰＥＲという考えかたを知らなくても、つまり、この会社がいくら利益を上げているかがわからなくても、この会社を20億円で買えば間違いはなさそうです。というのも、この会社を買うことによって資産50億円が買い主のものになりますから、この資産を全部売って50億円を

作り、その中から 30 億円の借金を返済しても、買い主の手元にはまだ 20 億円が残るからです。

　逆にいえば、この会社を 20 億円よりも安く買えるのであれば、それは買ってしまえということになるでしょう。仮に 15 億円で買えるのだとすると、50 億円で資産を売って 30 億円の借金を返しても 20 億円が手元に残りますから、購入した価格である 15 億円との差額の 5 億円、買い主にとってボロ儲けになるのです。

　会社の資産の価値から、会社の負債の額を除いた金額を「純資産」といいます。負債には、実際には借金だけではなくて、将来払わなくてはいけない金額である買掛債務なども入りますが、総資産から負債の額を引いたものが純資産です。その意味は、ここまでで明らかだと思いますが、要は、会社の資産を全部売って、払うべきおカネをすべて払っても、まだ会社に残る金額です。会社は株主のものなので、純資産も株主のものですが、**株主から見た会社の価値というのは純資産を下回らない**はずなのです（**図 4-1**）。

図 ★ 4-1
純資産

[図：資産「売ったら、おカネになる」／負債「誰かに返さなくてはならない」／純資産「資産を売って、負債を返済した『残り』」→株主の本当の取り分]

会社の価値は純資産を下回らない（のが理屈）

こう考えれば、みなさんもわかるでしょう。3000万円の価値があるマンションに住んでいて、住宅ローンの残高が2500万円あったら、財産としてはいくらになるでしょう？ 3000万円ではなくて500万円ですよね。このマンションを売却しても500万円しか手元に残らないといっても同じことです。株主から見ると、借金は返さなくてはならないため、純資産というのが会社の価値になるというのはこういうことなのです。

ところで、会社の資産とは工場とか本社ビルとかそういうものを含みますから、会社の資産を全部売ってしまうということは、ビジネスをやめてしまうということです。借金が全部返せるときにビジネスをやめることは「倒産」ではなく、キレイにするという意味で「解散」や「清算」といいます。**株主にとって会社の価値は解散価値や清算価値を下回らない**のです。

2013年3月末時点では**ソフトバンク**の資産は6兆5249億円、負債は4兆4184億円でしたから、純資産は2兆1065億円（**参考資料4-1参照**、192ページ）でした。ソフトバンクの会社の価値は、将来の利益をまったく考慮しなくても、2兆円以上あるということになるのです。

$ 株を買い占めちゃえ！

会社の価値が純資産を「下回らない」という表現をさきほど用いました。読者の中にはこの表現から、会社の価値が純資産を上回ることがあるという意味だということに気付いた人もいるでしょう。

実際、会社を解散・清算せずに存続させた場合に会社が利益を生むのであれば、その利益が株主のものになって、将来の利益が会社の価値となります。(2)でも見たとおり、純資産が20億円でも、今後、毎年3億円の利益を上げることが見込まれる会社の場合には、今後10年分の利益しか見ないとしても30億円の価値があるわけです。ですから、**純資産というのは、会社の価値の下限**として機能するのです。

この意味での純資産は、会社を解散させれば実現することができます。実際、株式全部を買うことができれば、資産の売却と借金の返済で20億円が残るのですから、20億円が株式全部の価値だということになり

ます。発行済み株式数が10万株であれば、1株の価値は2万円だというわけです。

ＰＢＲは、株価を「1株あたり純資産」で割って算出します。今見たとおり、株式全体の価値はその会社の純資産の額を下回らないはずですから、それぞれを発行済み株式数で割った「株価」と「1株あたり純資産」とを比較すると前者のほうが大きいはずです。ですから、**ＰＢＲが1を下回っているとすると、その株価は割安**だということになります。その株価ですべての株式を買った上で会社を解散すれば利益が出ることになりますが、そのようなことは起きないはずなのです。

実際、**ソフトバンク**の2013年3月末時点での1株当たり純資産額は1316円90銭（**参考資料4-1参照**、192ページ）、2013年6月末時点での株価は5790円でした。ＰＢＲは5790円÷1316円90銭＝4・4倍ですから、この株価でソフトバンクの株式を全部買って、ソフトバンクを解散したとしても利益が出る水準ではなかったのです。

企業価値という考えかた
★4 賃貸と持ち家とどっちがトクかは、家賃の何年分かで考える

　会社は株主のものなので、会社の価値というのは要するに会社の株の価値の総額のはずです。(1) と (2) では、その株式の価値を、配当金もしくは会社の利益という、いずれも株主が直接受ける、あるいは直接見ることができる数字を基に計算を試みました。また、(3) では、会社の総資産の価値から負債の額を引くことで解散価値を求め、その解散価値から会社の価値を求めようとしました。

　ところで、そもそも会社が利益を上げられる理由というのは、会社が資産を使って稼ぐからです。これを営業ＣＦという形で補足しようというのが第３章の前半に出てきた話でした。

　また、会社の資本構成、つまり、負債と自己資本とに適切な比率があるのかというＭＭ定理の命題の答も、基をたどっていくと、会社が資産を用いて稼いだおカネというのがまずあって、それを、債権者と株主にどう分配するかに過ぎないのだから、債権者と株主とでおカネを出す比率が変わったところで、稼げるおカネそのものは変わらないという当たり前の理屈に基づいています。

　この節では、会社の価値のそもそもの源泉となる資産の価値を、貸借対照表にのっている価格という意味ではなく、ＭＭ定理的な意味で、つまり、**どれだけのおカネを稼ぐことができるのか**という観点から考えてみたいと思います。

💲カネ返せば文句ないでしょ

　図 4-1（202 ページ）でも見たとおり、会社の貸借対照表の構造を簡単に書くと「**総資産＝純資産＋負債**」となります。ごく一部の例外を除くと負債について「正しい額」という議論はなく、返さなくてはならない金額そのものを負債の額と考えます。なので、よほどのことがない限り、負債の額は、誰も隠していない限りはあらかじめわかっているもの

とします。

この式から、総資産がわかっているという前提で純資産を計算し、それと株価とを比較するのがＰＢＲの考えかたです。しかし、この式を眺めてみると、別の考えかたに気付かないでしょうか？

上場会社の場合、株式のすべての価値というのはわかっています。つまり、さきほどの等式の右辺は「**株式の時価総額＋借入・社債の残高**」と書き換えることができます。その場合、左辺の「総資産」は決算書に記載されている金額という意味を失い、「**株式市場が評価する、その会社の資産の価値**」という意味になります（図4-2）。これを一般的に「**企業価値**」といいます。英語では**エンタープライズ・バリュー**といい、**ＥＶ**と略します。

図★4-2

上場会社とエンタープライズ・バリュー

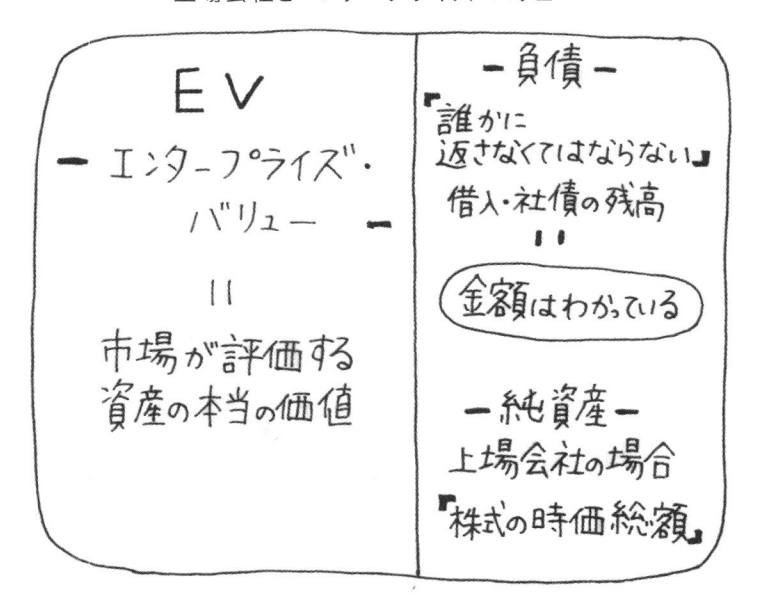

(図：EV ＝エンタープライズ・バリュー＝市場が評価する資産の本当の価値／負債：「誰かに返さなくてはならない」借入・社債の残高＝金額はわかっている／純資産：上場会社の場合「株式の時価総額」)

負債の価値が簡単にわかるという前提であれば、ＥＶは株価によって変動する、つまり、株主が決めることになります。

たとえば、ソフトバンクの2013年3月末の負債のうち、借入金は

長短期合わせて1兆1678億円、社債は9409億円の計2兆1087億円ありました。同日の同社の発行済み株式数（自己株式を除く）はおよそ12億株、株価は4340円でしたから、この時点でのソフトバンクのＥＶは7兆2788億円だったのです。

「社債も債券であって、価格が変動するのでは？」ということに気付いた読者は証券市場について相当詳しい人でしょう。確かに、ＥＶの計算に際して株価を用いるのであれば、負債についてもその時点での価格を用いるほうが適切なような気がします。

実際、3月末時点でソフトバンクの社債は、額面の97％程度のものもあれば、額面の104％を超えているものもあったのです。また、銀行からの融資についても、売買が不可能なわけではありませんから、価格が付くこともあります。

ＥＶを計算する上で負債の価格を評価しない一番大きな理由は、社債価格が株価と比較すると透明性に乏しく、特に、複数の通貨でいろいろな債券を発行している場合、正確な価格を把握することが難しいからです。株は1種類しかないのが普通ですが、社債はそうではないのです。

また、ＥＶが用いられるのが、Ｍ＆Ａに際してのことが多いのもひとつの要因です。Ｍ＆Ａで対象会社の財務内容が悪化する場合には社債価格は下がりますが、その場合にこの社債を返済しようとすると、タイミングに関係なく額面金額が必要なのが普通です。また、Ｍ＆Ａによって社債価格が下がらず、額面を上回っていたとすると、社債を持っている人はその社債を保有していることに不満はなく、借りている側は償還日まで待てば額面を償還（＝返済）することになります。いずれの場合も、返済は額面でなされるため、ＥＶの計算に際しては、借入・社債は返済金額を用いればいいのです。

資産の価値をどうやって測るのか

ＥＶの計測は、上で見たとおり、上場会社であれば簡単です。では、若旦那が狙っているような非上場会社の場合はどうしたらいいのでしょうか？

若旦那が隣町の時計屋さんを買収しようとしても、どうも純資産では買えなさそうですし、かといって、ＰＥＲを参照しようにも「時計の小売」「老舗」「店舗１件」などといった条件が上場会社で見つかるわけではありません。しかし、ＥＶがわかれば、その企業価値から負債の額を引くことで、会社の価値を計算することができます。
　しかし、ＥＶというのは、もともと株式の価値と負債の額とを合計したものです。株式の価値が計測できないのに、どうやったらＥＶが計算できるのでしょうか？

　ここで、ＭＭ定理のときの議論を思い出してみましょう。
　ＭＭ定理のひとつの形は、「会社は資産を使っておカネを稼ぎ、そのおカネは債権者と株主に分配される」というものでした。そして、資産から稼げるおカネというのは、その資産を取得するために債権者と株主のどちらがどれだけおカネを出したかは無関係であって、それによって稼げるおカネが増えるわけではないというのもＭＭ定理です。
　会社が保有している資産は、その資産そのものがいくらで売れるからという観点からだけで価値を判断するわけではないと言い換えてもいいでしょう。10億円で買った資産は他に売却しても10億円でしか売れないでしょうが、ビジネスでうまく使えば毎年１億円とか２億円とかのおカネを生み出すかもしれません。その生み出すおカネを評価したものがＥＶになるはずなのです。

　実は、若旦那が隣町の時計屋さんを買うときにも、確かに、最終的には株式会社の株式を取得することにはなるものの、株主として会社に利益がいくら残るのかという観点はあまり重視していません。若旦那が重視しているのは売上で、隣町に進出することで売上がどのくらい伸びるかを考えているのです。
　というのも、同じようなビジネスをしている関係で、売上がわかれば粗利（＝売上高－仕入れの費用）の想像がつきます。また、人件費等も、勝手がわかっているビジネスですから、予想ができます。つまり、若旦那が関心を持っているのは、株主として最終的にいくらの利益が株主の

ものになるのかというよりも、まず、会社としてどれだけ稼げるかなのです。後は、それをどのように「評価」、つまり、ＥＶという形に落としていくかが重要だというわけです。

ＥＢＩＴＤＡの何倍？

　ＥＶは企業買収の世界で、頻繁に目にする指標です。そこでは、割安とか割高のひとつの基準として、**ＥＶがＥＢＩＴＤＡの何倍になるか**を用いるのです。発想がＰＥＲに似ていることに気付いたのではないでしょうか？　株主のものである「会社の利益」の何倍が株価になっているか、あるいは、その株価で株を買うことによって株主は何年でその資金を回収できるのかがＰＥＲの発想です。ＥＶがＥＢＩＴＤＡの何倍になっているのかというのは、会社を買おうとする人たちから見ると、**企業価値を取得するために投資する金額は、その資産を用いて何年で回収できるのかを把握するもの**なのです。

　この「何倍」というのには特に決まった呼びかたはなく、そのまんまですが「ＥＶ／ＥＢＩＴＤＡ」、つまり「ＥＶのＥＢＩＴＤＡ倍率」と呼びます。

　ソフトバンクは上場会社としては珍しく、みずからＥＢＩＴＤＡを計算して公開しています。同社によれば、2013年3月末までの1年間で同社のＥＢＩＴＤＡは1兆1498億円であり（**参考資料4-2**、次ページ）、ＥＶはさきほど見たとおり7兆2788億円でしたから、ＥＶ／ＥＢＩＴＤＡ倍率は6・3倍となります。これが適切なのかどうかは次の(5)のテーマとも重なりますが、たとえばさきほどソフトバンク同様にＰＥＲが高い銘柄として出てきた日本通信はＥＶ／ＥＢＩＴＤＡ倍率が2013年3月末で10倍を超えていましたから、ソフトバンクのＥＶは割高に評価されているとはいえないようです。

第 4 章 | 企業評価をめぐる論点

参考資料 ★ 4-2

ソフトバンクのEBITDA

経営成績の推移

単位：百万円

項目	2008年度	2009年度	2010年度	2011年度	2012年度
売上高	2,673,035	2,763,406	3,004,640	3,202,435	3,378,365
EBITDA ※1	678,635	787,630	930,729	1,013,716	1,149,810
営業利益	359,121	465,871	629,163	675,283	745,000
税金等調整前当期純利益	107,338	289,249	480,612	632,256	650,494
当期純利益	43,172	96,716	189,712	313,752	289,403

※1 EBITDA＝営業損益＋減価償却費＋のれん償却額

■ 売上高

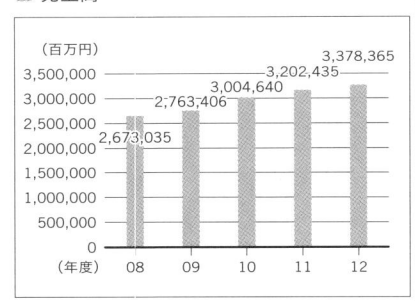

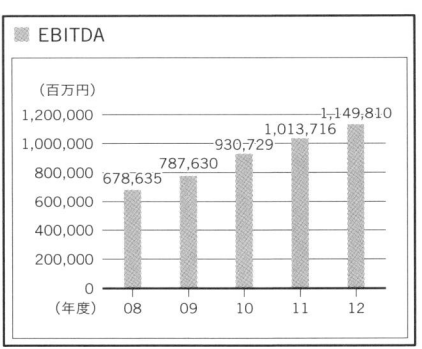

■ EBITDA

（同社発表資料より作成）

　　ＥＶ／ＥＢＩＴＤＡ倍率をみなさんの生活にあてはめると、賃貸と持ち家のどちらが得かというのを考えるときに、持ち家の値段が「家賃何年分に相当するか」を考えるのに似ています。本当は、他にもいろいろと考える要素はあるはずなのですが、ラフに見るためには、これもひとつの指標として立派に役に立ちますし、感覚に訴えるという意味ではとても有効なのです。

5 投資用マンションをいくらで買えばいいか、すぐに計算できる

キャッシュ・フローとWACC

　配当還元モデルも、PERも、はたまたEV／EBITDA倍率も、結局のところ、将来の生まれてくるおカネと、そのようなおカネがもらえる立場の「価値」との関係の議論です。配当還元モデルでは配当金、PERでは税引後利益、EV／EBITDA倍率ではEBITDAと、それぞれ「将来のおカネ」とはなんであるかの考えかたは違いますが、発想が同じなのはここまでの説明内容で明らかだと思います。

　ここでは、これまでの議論を踏まえて、世の中で用いられている企業の価値評価についてもう少し細かい話をしてみたいと思います。

$ 考えかたは単純なワック

　本題に入る前に、まず、**ワック**という考えかたをご説明しましょう。

　ワックとは**WACC**で、英語の「Weighted Average Cost of Capital」の略です。訳語としては「**加重平均資本コスト**」となります。考えかたは簡単で、たとえば、50億円の資金調達をしている会社で、40億円が借入・社債、10億円が株式だとし、借入・社債で年3％の利息を支払っており、株主が要求する収益率が20％だとすると、金額としての資金調達コストは、40億円×3％＋10億円×20％＝3・2億円です。調達している資金の総額は50億円なので、平均すると、WACCは3・2億円÷50億円＝6・4％となります（**図4-3**、次ページ）。

　これは、融資・借入と株式の金額に応じた計算をしているという意味で、加重平均です。借入・社債の金額が25億円で利率が2％、株式も25億円で株主の要求する収益率が18％のときには、金額としてのコストは25億円×2％＋25億円×18％＝5億円であり、WACCは10％となるのです。

　このうち、借入・社債の利率については、借入・返済の実績と、支払い利息を見れば計算は容易です。

第 4 章 ｜ 企業評価をめぐる論点

図 ★ 4-3
WACC

資金調達コスト

負債40億円（借入・社債）　金利 3％

40億円×3％/年
＝
1.2億円/年

＋

資本 10億円　要求収益率20％

10億円×20％/年
＝
2億円/年

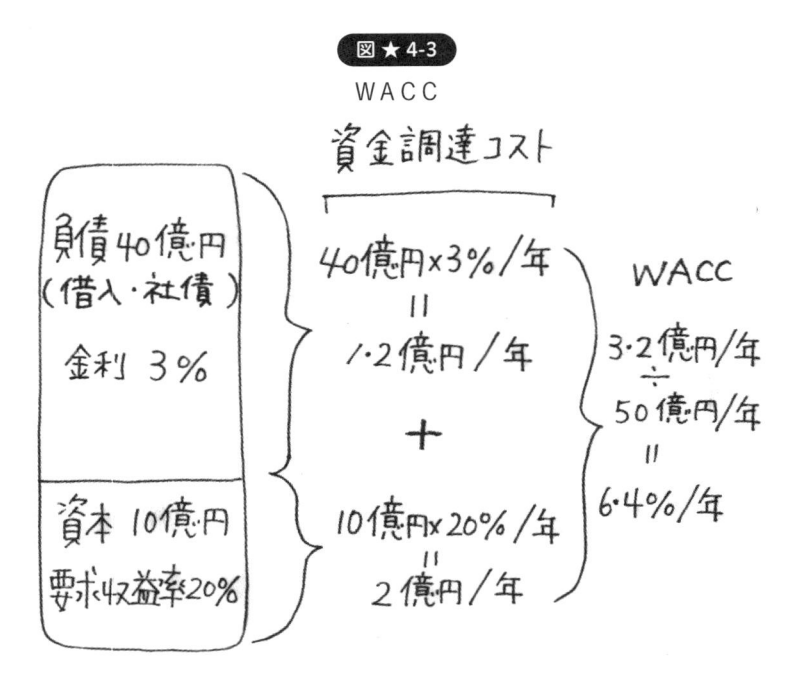

WACC
3.2億円/年
÷
50億円/年
＝
6.4％/年

WACCの実際は単純な計算

　たとえば、**ソフトバンク**を見るとき、2012年3月末と翌2013年3月末とでは借入の残高が違っていて、2013年3月期の1年間で増減があったはずですが、話を単純にするために期中の平均の残高は各期末の平均だったとすると、2012年3月末の残高は1兆5681億円、2013年3月末の残高は2兆1077億円でしたから、その平均は1兆8379億円となります。その金額に対して、2013年3月期1年間の支払い利息は3674億円だったので、負債のコストは2・0％と見積もることができます（**参考資料4-3**）。

　また、株主が要求する収益率は、一般的には、第2章(8)で検討した**ＣＡＰＭを用いて算出**します。詳細は省きますが、同社株のＴＯＰＩＸに対するβはほぼ1なので、無リスク金利を1％とし、ベンチマーク（ＴＯＰＩＸ）の要求収益率を20％だとすると、ソフトバンク株の要求収益率は21％ということになります。

「隣町の時計屋さんの価値はいくらか？」

参考資料 ★ 4-3

ソフトバンクの負債の調達コスト

単位：百万円

		前連結会計年度 （2012年3月31日）	当連結会計年度 （2013年3月31日）
負債の部	流動負債		
	支払手形及び買掛金	※3 190,532	194,653
	短期借入金	※3 403,167	※3, ※6 813,490
	1年内償還予定の社債	144,988	※6 205,000
	未払金及び未払費用	※3 835,053	※3 751,690
	未払法人税等	125,116	179,558
	繰延税金負債	0	71,974
	リース債務	152,682	192,603
	その他	72,184	181,212
	流動負債合計	1,923,725	2,590,183
	固定負債		
	社債	459,900	※6 734,900
	長期借入金	※3 560,070	※3, ※6 354,290
	繰延税金負債	20,370	17,939
	退職給付引当金	14,953	14,505
	ポイント引当金	32,074	22,548
	リース債務	347,699	526,738
	その他	※3 105,272	※3 157,319
	固定負債合計	1,540,339	1,828,243
負債合計		3,464,065	4,418,427

単位：百万円

		前連結会計年度 （自 2011年4月1日 至 2012年3月31日）	当連結会計年度 （自 2012年4月1日 至 2013年3月31日）
営業外費用	支払利息	62,206	36,736
	持分法による投資損失	2,947	33,523
	借入関連手数料	—	※3 19,048
	借換関連手数料	※4 24,956	—
	その他	22,831	22,256
	営業外費用合計	112,940	111,565

（同社発表資料より作成）

　これらにより、2013年3月末の同社の時価総額（自己株式を除いた発行済み株式数×株価）は5兆1711億円でしたから、ＷＡＣＣは、(2.0％×1兆8379億円＋21％×5兆1711億円)÷(1兆8379億円＋5兆1711億円) ＝ 16％となります。

　なお、ここでは掛け算の順番がさっきと逆で「金額×コスト％」ではなく「コスト％×金額」になっていますが、これは、ＷＡＣＣは答として％が出てくるからで、実額としてのコストを出そうとしたさきほどとは異なるのです。

第 4 章　企業評価をめぐる論点

💲会社が生み出すおカネを誰に渡す?

　ＷＡＣＣの計算は上記のように単純です。では、ＷＡＣＣには理論的にどんな意味があって、実際にはなんの役に立つのでしょうか?

　ＷＡＣＣの計算の基になっている考えかたは、**会社が稼いだおカネは、債権者か株主、いずれかのものである**というものです。債権者は債権者で要求する収益率がありますし、株主は株主で要求する収益率があるため、会社が得た資金で購入した資産は、その資金を提供している債権者・株主の両方を満足させるだけのおカネを生みださなくてはいけません。なので、逆説的に、**会社が生みだすおカネを、要求される収益率の加重平均で割り引けば、債権者と株主とが合わせていくらの資金を提供できるかが計算できます。それがＥＶなのです**（図 4-4）。

図 ★ 4-4
会社の稼いだおカネとWACC

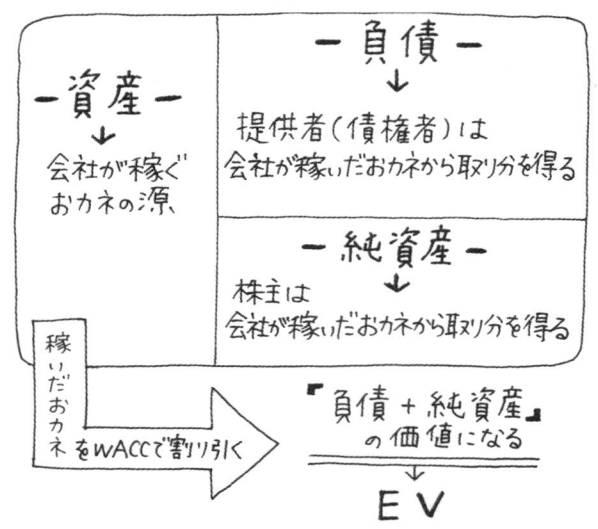

―資産―
↓
会社が稼ぐおカネの源

―負債―
↓
提供者（債権者）は会社が稼いだおカネから取り分を得る

―純資産―
↓
株主は会社が稼いだおカネから取り分を得る

稼いだおカネをWACCで割り引く → 『負債＋純資産』の価値になる = ＥＶ

会社の稼いだおカネは、債権者か株主のもの

したがって、MM定理から、株式と負債の比率が変わっても、WACCは変化しません。やっているビジネスが同じであれば会社が稼ぐおカネは同じですから、その資金を調達するためのコストは、加重平均すれば、変わるはずはないからです。

　ただし、税金については注意が必要です。というのも、融資・社債の利息は税金を払う前のおカネから支払うことになりますが、株主へのリターンは税引後、つまり、会社の利益に税金がかかった後のものだからです。ここまで見たような、EBITDAとの関連でWACCを用いる場合、EBITDAは税引前の数値なので、それを調整しなくてはいけません。具体的には、税引後のリターンである株主の要求収益率を税引前に戻さなくてはいけないのです。

　単純化のため、税率を40％とし、ソフトバンクの株主が要求するリターンをさきほどのとおり21％だとすると、税引後の収益率で21％となるためには税引前で35％の稼ぎがなくてはいけません。そうなると、ソフトバンクのWACCは16％でなく、26％となります。(4) で見たとおり、ソフトバンクのEBITDAは1兆1498億円ですから、これをWACCで割っても4兆4000億円足らずでしかありません。

　このように考えればわかりやすいでしょう。みなさんが勧誘に負けて投資用マンションの購入を検討するとします。購入資金の3分の1を出せば、残りの3分の2は銀行が年利5％で貸してくれるとしましょう。自分の出したおカネは年率20％くらいの利益が欲しいとします。この場合、マンション購入資金のWACCは10％です。毎月の賃料収入が10万円だとすると、単純に考えればこのマンションの価格は1200万円までしか払えません。年間の賃料収入が120万円でWACCが10％だからです。

$ おカネを稼ぐと税金がかかるので……

　EBITDAを税引前WACCで割る場合の問題点は、税金の存在です。税引前WACCで割る前提は、会社が稼いだおカネのうち債権者に

支払った分（利息）を除くと、後は税金がかかるおカネだと考えてしまうことですが、実際にはそうではありません。

たとえば、減価償却費の分のおカネはＥＢＩＴＤＡの計算上プラス項目ですが、税金はかかりません。ですから、ＥＢＩＴＤＡをＷＡＣＣで割り引いてＥＶを求めようというのは、ずっと赤字が前提で税金を払わない会社にしか向いていないのです。

そこで、黒字を出し、税金を払っている会社について実務上で用いられているのは、**税引後の「営業利益」と、税引後の「ＷＡＣＣ」に着目**するものです。

営業利益とは、損益計算書上、売上総利益（売上から、その原価を引いたもの）からさらに販管費（販売費及び一般管理費）を引いたもので、本社部門の人員の給与や家賃、減価償却費などを引いたものです。営業利益は一応利益なのでその全部に税金がかかることにして、その上で、減価償却費を足し戻します。ただ、会社が将来的に持続するためには一定の投資が必要（第３章(7)参照）なのでその金額を差し引きます。また、運転資金の増減があれば、それも加味します。

税金がかかった後のおカネに注目しているため、**ＷＡＣＣのほうも税金がかかるというベースで考えます。**もっとも、株主が要求するリターンというのはもともと税金がかかった後のものをアテにしていますから、**ここでは債権者のリターンを、会社の側から見て税引後に戻します。**

ＭＭ定理で見たとおり、利息は利益を減らす、つまり、税金を減らす方向に働くので、負債というのは、利益を上げて税金を払っている会社にとってはコストの安い資金調達方法なのです。

具体的には、１万円の利息を払うと、その分利益が減りますから、利益を上げている会社だと税率分だけ税金も減ります。ですから、実際には１万円の利息支払いは、税引後の負担は、税率が４０％であれば6000円でしかありません。

ソフトバンクの例では、負債の税引前のコストが２・０％でしたが、税率を４０％だとすると、税引後のコストは１・２％だったのです。したがって、ＷＡＣＣは、（１・２％×１兆8379億円＋21％×５兆1711

億円）÷（1兆8379億円＋5兆1711億円）＝15・8％となります。

　これを基準にソフトバンクの企業価値を考えてみましょう。

　話を単純にするために、減価償却費は設備投資の積み立てに過ぎない、つまり、均せばプラスマイナスゼロだとし、かつ、運転資金の増減など今後のことはよくわからないと思うことにしましょう。そうすると、見るべき数字というのは、税引後の営業利益だけになります。ソフトバンクの営業利益は7350億円で、税率を40％、ＷＡＣＣを15・8％だとすると、7350億円×（1－0・4）÷0・158＝2兆7911億円となります。

　ちなみに、今の議論は、結局のところ、営業ＣＦと「平均的な」投資ＣＦとから、**長期的なフリー・キャッシュ・フロー**を計算しようというのと同じです。類書では、本書の第3章(7)の意味、つまり、「営業ＣＦのプラスと投資ＣＦのマイナスを合わせたもの」という意味でも「フリー・キャッシュ・フロー」という言葉を用いることを無視して、「営業利益×（1－税率）＋減価償却費－設備投資±運転資金の増減」を「フリー・キャッシュ・フロー」と定義し、それをＷＡＣＣで割り引いて企業価値を評価するとしているものもあります。

　確かに、長期的・平均的というコンセプトを上手に使えば、結局、両者は同じコンセプトを把握しようとしているのですが、混同しないように気を付けましょう。本書では、両者が広い意味では同じものを捉えようとしていることを尊重して、後者を「（企業評価上の）フリー・キャッシュ・フロー」と（　）付で呼ぶことにします。

企業価値評価批判
6 ドラフト指名順位は将来の活躍のバロメーターではない

　理屈の上では、企業価値の計算はさほど難しいものではありません。しかし、実地にやってみるとなかなか難しく、人によって違う答が出てくることも珍しくはありません。その理由は、そもそもなにを評価しようとしているのか、また、評価するための前提が正しいのかが、どうもはっきりしないからです。

　結局のところ、将来のことは事前にはわかりません。そのわからないところも含めた評価なのですが、含めかたの議論になってくると、サイエンス（科学）ではなくてアート（技巧・技術）の世界になってしまいます。

　次のように考えれば、みなさんもわかるでしょう。野球のドラフト会議では、専門家が選手の可能性を評価し、評価の高い人ほど指名順位が高い（早い）はずです。ところが、ドラフト1位でも活躍せずに球界を去る人もいれば、ドラフト下位指名でも球史に残る活躍をする人もいます。理屈の上の評価がどれだけ正しくても、その評価が将来を正しく予測できているわけではないのです。

$ 未来永劫の評価

　会社を評価するときは、将来ずうっと事業を続けていくという前提で評価をします。ＥＢＩＴＤＡを用いるにしても営業利益を用いるにしても、将来のことはわからないわけで、わからないものを評価しようがありません。また、今後成長をしていくと考えるのか、横這いと考えるのか、逆に落ち込んでいくのかによっても違ってきます。ＰＥＲの議論と同じで、今後、業績がよくなると想定して評価するのか、横這いで評価するのかによっても違ってきます。このあたりはどうしても主観が入ってくるため、なかなか意見は一致しないものなのです。

　実務上という話になると、**会社側が作成した経営計画に基づいて評価**

すればいいという議論があります。確かに、それがひとつの方法であることは否定しませんが、会社の経営計画が実現する保証がないことは明らかです。つまり、どれだけ難しいことをいっても、実際にはいいかげんであって、「カン」となにが違うのかを明確に区別することは難しいようです。

また、会社がずうっと事業を続けていくためには、**所有している資産のメンテナンス**が不可欠です。減価償却費と設備投資、あるいは投資ＣＦのサイクルの話とも通じますが、会社は定期的に設備を修繕あるいは更新しなくてはいけません。ですから、理論的には、減価償却費の分の（営業）キャッシュ・フローのプラスは、長期的には、同じ設備の取得のために使われるはずでから帳消しになりますし、修繕やメンテナンスの分、さらにマイナスに作用しているかもしれません。

しかし、一般的な企業評価においては、この点を軽視する傾向が強いように思われます。

$ データの取りかたでブレる

会社の評価を客観的に行なう、つまり、評価をする人の主観をできるだけ排除しようとすると、過去のデータに依拠することになります。しかし、それはそれで問題です。

たとえば、過去のデータをどこまで遡るのかという問題があります。多くの場合、データを取る期間によって平均値は異なるため、それによって値は変わります。これは、過去のデータを用いる場合に共通する難点です。また、今の論点は、ＣＡＰＭを用いての β の推定についても同じです。

また、突発的な事象をどこまで排除するのかについても、結局は主観が入ってしまいます。企業価値評価に際して営業利益をベースにする場合、たとえば、在庫の陳腐化に伴って評価損が発生し、その評価損をその決算期の売上原価に反映させるというような継続性・反復性がない事情について、そのまま会社の評価に用いていいのか、継続性・反復性がないから長期的な企業の価値を評価するときには排除すべきなのかは、多分に判断の問題になってしまうのです。ＥＢＴＩＤＡはその意味では

ブレの少ない指標ですが、ＥＢＩＴＤＡにはＥＢＩＴＤＡで、これを割り引くことで企業評価をすることはなかなか厄介だという難点があるのは上で見たとおりです。

💲 ＤＣＦ法は期間を限定した考えかた

　ＤＣＦ法というのは、おカネを現在価値にするときに、未来永劫続くおカネの流れと考えないで、今後５年くらいだけを見るというものです。その場合には、５年間のＥＢＩＴＤＡだけを見るとか、５年間の（企業評価上の）フリー・キャッシュ・フローだけをみるというわけではありません。

　債券の価格は、定期的に受け取る利息と、償還日に受け取る元本のそれぞれを、現在価値に直したものです。ＤＣＦ法も発想は同じで、定期的に受け取るおカネと、将来のある一時点で回収できる金額とを、それぞれ現在価値に直すのです。期間が５年であれば、５年後に大きな金額を回収できると考えます。わかりやすくいえば、５年後に対象となっている会社を売却してしまうというもので、それによって５年後のおカネが生まれるのです（**図 4-5**）。

　たとえば、毎年の（企業評価上の）フリー・キャッシュ・フローが10億円、税引後ＷＡＣＣが10％の会社だとすると、毎年のおカネを10％で割り引くのは同じです。ただ、５年後のこの会社の価値が80億円になっていて、その時点でこの会社を80億円で売却すると考えるのです。そうすると、毎年10億円で５年間、さらに５年後には別途80億円というおカネの流れの現在価値を10％で割り引けばよく、この会社の価値は約88億円となるのです。

　ところで、この方法では、**この会社の現在の価値の評価をするために、この会社の将来の売却価格を用いています**。これが大きな矛盾をはらんでいることは明らかで、現在の価値がわからないからこそ評価をしたいのに、将来の価値がわかっていることが前提になっているのがＤＣＦ法なのです。

　企業価値評価というのは頭の体操としてはおもしろく、代表的な手法の基本的な考えかたを知っていることは、議論の上ではとても有効です。

図 ★ 4-5
DCF法

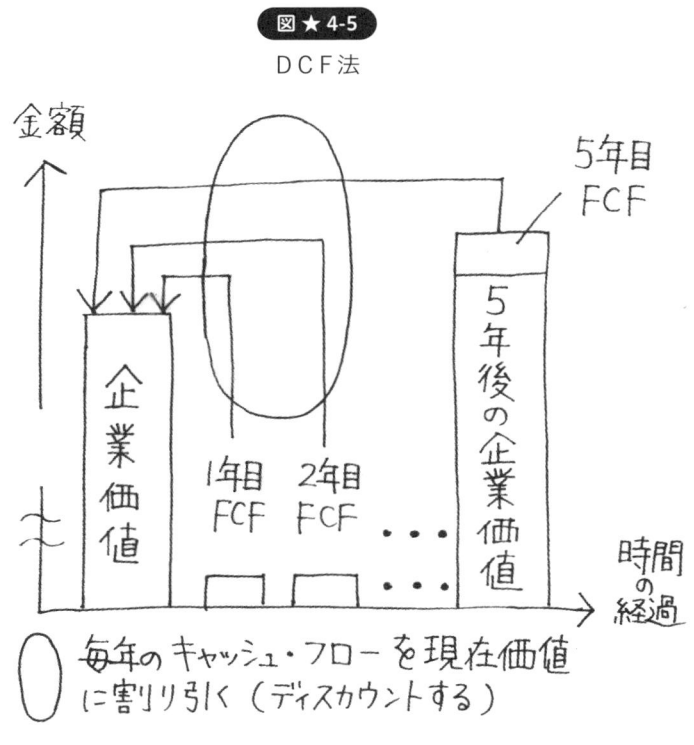

(図：毎年のキャッシュ・フローを現在価値に割り引く（ディスカウントする）。企業価値、1年目FCF、2年目FCF…5年目FCF、5年後の企業価値)

5年後の借金がわかれば、現在の価値がわかるというのがDCF法

しかし、主観を排除することは極めて難しく、その結果、価値の「正当化」のために理論が存在しているというのが実際といってもいいでしょう。正当化が悪いわけではありませんが、科学的でないとはいえるでしょう。

若旦那　「会社の価値っていろいろな測り方があるんですね」

ご隠居　「そうだね。上場会社の株価だけなら類似業種のＰＥＲを比較するのが比較的ポピュラーだけれど、買収となると別の思惑も絡んでくるからね」

若旦那　「ＰＢＲっていうんですか、純資産を見てみるのも大事ですね。」

ご隠居　「資産査定っていうのかな、ちゃんと資産の価値がわかっていれば、という前提はあるけどね」

若旦那　「倍率っていう考えかたはどうしてもピンときづらいんですけど」

ご隠居　「でも、倍率で見るのが、規模の大小に関係なく汎用的だから、どうしても理論的にはそっちに行ってしまうんだね。ＥＶ／ＥＢＩＴＤＡも倍率の一種だし、多少は慣れておいたほうがいいかもしれないね」

第5章
最新(っぽい)金融技術の考えかた・使いかた
「『明日? そんな先のことはわからない!』から」

第 5 章　最新（っぽい）金融技術の考えかた・使いかた

　若旦那が経営する時計屋さんでは、借入は運転資金のための一時的な利用しかしていません。また、若旦那は個人的に住宅ローンを抱えていますから、投資に回せるようなおカネはなく、せいぜい銀行に定期預金があるくらいです。
　ただ、若旦那のお母さんは、若旦那のお亡父さんの遺してくれたおカネがあるので、その一部は証券会社を通じて、株や債券を買ったりしています。
　ところで、若旦那が新聞や週刊誌を見ていると、世の中にはいろいろと複雑な金融技術があるようです。そういえば、銀行の担当者の人もたまに「デリバティブ」の話をしているのですが、若旦那は興味がないのでいつも生返事しかせず、真剣に検討したことはありません。
　しかし、隣町の時計屋さんの経営権取得も考えている若旦那としては、ここにきて、最新の金融技術についてももう少し知っておいたほうがよいのではないかとも思っているのです。

「『明日？ そんな先のことはわからない！』から」

若旦那 「ご隠居、デリバティブってなんですか？」

ご隠居 「また、藪から棒に抽象的な質問だねぇ。なにかあったのかい？」

若旦那 「いやぁー、借入があまり多くないものだから、銀行との付き合いも疎遠になりがちだったんですけど、最近、銀行の担当者がデリバティブの営業に熱心なんですよ」

ご隠居 「デリバティブはうまく使えれば有効なこともあるけれど、中小企業だとどうなのかな」

若旦那 「なんでも、リスクのヘッジになって、メリットが大きいみたいですよ」

ご隠居 「表面的にはそう見えるかもしれないね。ま、ヘッジすべきリスクなのかどうかも含めて検討してみればいいんだろうけれどね。」

若旦那 「証券化っていうのもデリバティブなんですか？」

ご隠居 「そういう考えかたもないわけではないけれど、ま、難しい金融技術という意味では似ているということなんだろうね」

　ご隠居との付き合いの中で、若旦那の金融に対する関心も少しずつ高まってきました。デリバティブとはいったいどういうことなのか、学んでみましょう。

1 デリバティブとは
ハムやソーセージは豚肉から派生したデリバティブ

　デリバティブというのは、日本語だと**「派生したもの」**という意味になります。「派生」という日本語は普段あまり使いませんが、「主たるもの」があって、そこから由来したものということでしょう。

　たとえば、地面を掘って出てくるのは原油ですが、原油に由来するものとして灯油とかガソリンがあります。灯油やガソリンは、原油から「派生したもの」、つまりデリバティブなのです。

　そのように考えると、みなさんの生活の中にはデリバティブと呼べるものがたくさんあります。著名なブランドの廉価版、いわゆるデフュージョンは腕時計にもありますが、あれは高級ブランドから派生したデリバティブといえるでしょう。あるいは、若旦那の好物のハムやソーセージは豚肉の、チーズやヨーグルトは牛乳の、それぞれデリバティブだと考えられるのです。

$ 付和雷同

　ファイナンスの世界でデリバティブを特徴付けるのは、**価格・価値の連動性**です。

　単純に考えれば、豚肉の価格が上がればハムやソーセージの価格も上がるでしょうし、牛乳の価格が下がればヨーグルトやチーズの価格は下がるはずです。デリバティブは「派生したもの」であって、派生するためには「派生する元」があるのですが、「派生する元」と「派生したもの」との間に価格・価値の連動性があるところが大切なのです。

　たとえば、「日経平均株価」を対象とする、つまり派生する元とするデリバティブがあるとしましょう。このデリバティブでは、日経平均株価が動くと、みずからの価格や価値も動きます。１ドルを何円で売買するかという「ドル円の外国為替相場」を対象とするデリバティブでは、外国為替相場が上下すると、やはりデリバティブの価格・価値が変化す

るのです。

　ただ、連動性といっても、必ずしも直線的に動くわけではありませんし、また、同じ方向に動くとも限りません。日経平均株価が10％上昇したら、同じように10％価格が上昇するというデリバティブもありますが、価値が30％上昇するというデリバティブもあります。また、日経平均株価が10％下落した場合に、10％価格が下落する、価値が30％下落するというデリバティブだけでなく、逆に20％上昇するといったデリバティブもあるのです。

　この**連動性の関係は専門家の間では計算式で表される**ため、式が出てくることがデリバティブの難しさだと思っている人も多いのでしょうけれど、ユーザーとしてはあまり難しいことを知っている必要はありません。デリバティブには「派生する元」があること、「派生する」とは価格・価値の動きかたが連動しているということをまず理解した上で、その価格・価値の動きかたをつかんでしまえばいいのです。

　みなさんの周りにも、誰かの意見に左右されやすい人がいるでしょう。テレビで特定の人がなにかをいうと、それにそのまま賛同する人、誇張して賛同する人、天邪鬼になって反発する人、それぞれでしょうけれど、みんな自分の意見を持っているのではなく、他人の意見に「連動」しているという意味で、テレビに出てくる人のデリバティブなわけです。連動のしかたが異なるのは、デリバティブの種類だというわけですね。

$ 結局はおカネだけの関係よね

　デリバティブを特徴付けるのは価格の連動性、あるいは「付和雷同性」なのですが、もうひとつ重要な特徴があります。それは**「元本が不要」**ということです。簡単にいえば、**100万円の効果がある取引をするのに、100万円を準備する必要がない**のです。「なにいってるかよくわからない」ですかね？

　デリバティブでない取引では、100万円分の取引をするには100万円が必要です。

　たとえば、1000円の株を1000株買うには100万円必要です。そし

て、株価が 10% 上がって 1100 円になれば、100 万円が 110 万円になって 10 万円の利益となりますし、株価が 20% 下がって 800 円になれば、100 万円が 80 万円になって 20 万円の損失となります。

一方、デリバティブでは、元本を用意する必要がありません。さきほどの株の株価と完全に連動するデリバティブがあって、そのデリバティブの価格が 1050 円だったとすると、このデリバティブを 1000 株分取引しようとすると「見た目」の取引金額は 1050 円／株 × 1000 株 = 105 万円ですが、実際には 105 万円のおカネは必要ありません。

ただ、取引を始めるにあたっておカネが不要でも、**価格が動いたときの利益や損失はそのまま、取引をした人のもの**となります。1050 円だったデリバティブの価格が 1150 円になったところで、このデリバティブを売却すると、1 株相当分の利益が 100 円ですから、100 円／株 × 1000 株 = 10 万円の利益となります。当初、105 万円のおカネを動かしていないのに、この利益は取引をした人のものなのです。ただ、これは損失の場合も同じであって、1050 円だったデリバティブの価格が 850 円になると、20 万円の損失を負担することになるのです。

$ 明日？　そんな先のことはわからない

デリバティブでは元本が必要ないため、価格の上下だけに関心がある人が投機的取引をするのに向いています。100 万円分の取引をするのに 100 万円の資金を用意する必要がなく、**価格の上下だけを清算すればいい**からです。

また、買うのにおカネを用意する必要がないということは、売るのに「売るもの」を持っている必要がないという意味でもあります。

価格が上がるときには買いから取引を開始すべきですが、ということは、価格が下がるときには売りから取引を始めたいところです。デリバティブがなければ、持っていないものを売ることはできませんが、デリバティブでは取引を開始するときに「売るもの」が必要ないので、価格が下がったところで買い戻したことにして差額のやり取りだけをすればいいのです。

ただ、100万円の取引をするのに100万円を用意した人は、その後どれだけ価格が下がっても追加でおカネを取られることはありませんが、100万円分の取引をデリバティブで始めた人は、その後価格が下がったら、下がった分の損失を負担しなくてはいけません。
　そのような形で取引をしているとき、すべての人が「追加で」負担に応じることができればいいですが、儲かったときには儲けを受け取るものの、損をしているときには逃げようとする人が出てくるかもしれません。
　なので、デリバティブの取引をするときには、保証金や証拠金と呼ばれるおカネを準備しなくてはいけないことがあります。100万円「分」の取引をするために、たとえば30万円のおカネを預けなければいけないことにしておけば、30万円までの損失はそのおカネの範囲でカバーできますから、逃げられても安全だというわけです。もっとも、さらに安全性を確保するため、その保証金や証拠金の金額がつねに十分なよう、調整も図られています。

第 5 章　最新（っぽい）金融技術の考えかた・使いかた

★2　企業経営と先物によるヘッジ
オーダー・メイドの服は、キャンセルすることができない

　デリバティブは投機的な取引に馴染みやすいのは前節 (1) で見たとおりなのですが、若旦那のところに出入りしている銀行の人は、やたら**「ヘッジ」**という表現を使います。**リスクをなくしたり、なくさないまでも緩和したりする**目的のためにデリバティブを用いることができるというのが、銀行が取引を奨める理由なんだそうです。

　少し話を聞いてみると、**将来のことを、今、決めてしまえるという金融技術**を利用するようです。であれば、レストランの予約とか旅行の予約と似ていて、確かに便利なような気もします。しかし、ご隠居によれば、レストランや旅行の予約は、デリバティブの種類としては**「オプション」**というものに近くて、銀行が提案してきているものとは違うらしいのです。

$ 予言者ではないのに、なぜ、将来のことがわかるのか

　デリバティブを用いたヘッジでわかりやすいのは**「先物」**と呼ばれる種類を用いたものです。たとえば、外国為替であれば、将来の為替レートを「今」決めてしまうのが先物です。

　12 月の半ば、クリスマス前の天候がいいときにグアムに行こうという計画を立てている人は、ホテルのプールサイドやビーチでくつろぐこともさることながら、免税店での買い物も楽しみです。

　12 月のボーナスをアテにして 20 万円ぐらい使おうと思っていても、為替レートによっては現地で使えるドルの金額が変わってしまいます。1 ドル = 100 円であれば 20 万円は 2000 ドルに両替できますが、ボーナスがもらえるまでの間に円安が進行して、たとえば 1 ドル = 110 円になってしまったら、1818 ドルにしかなりません。

　であれば、1 ドル = 100 円のときに両替してしまえばいいのですが、ボーナスがもらえるまでおカネがないというときにどうするのか？　そ

こで、たとえば8月や9月の時点で、その年の12月という将来の為替レートを決めてしまうのが、先物というデリバティブなのです。

8月1日の時点で、12月15日の両替レートとして1ドル＝100円と決めてしまえば、その後に円安が進行して12月15日に1ドル＝110円になっていたとしても、1818ドルではなくて2000ドルと両替できるわけです。

先物というデリバティブ

現在 1ドル＝100円

ボーナス時（半年後） 1ドル＝110円かも？

ボーナス前に 先物しよう

OK 1ドル＝100円

将来の為替レートを今決める

ところで、さきほど出てきたように、デリバティブには元本が不要です。元本を用いずに「価格の上下だけ清算」する場合には、同じ経済的効果を、損得のやり取りだけで済ませることになります。

というのも、1ドル＝100円で2000ドルを買うという取引をしていた人は、1ドル＝110円になっていたら1ドルあたり10円、計2万円の利益となります。1ドル＝110円のとき、この2万円は182ドルに相当するので、20万円を1ドル＝110円で両替した1818ドルに加えて2000ドルとなるのです。

なお、将来の為替レートというのは、自分で勝手に決められるわけではありません。今の例であれば、レートは安い（低い）ほうが望ましいのですが、取引には相手が必要なので、**相手方も納得するレートでなければ取引が成立しない**のです。そのレートは「デリバティブの価値・価格の連動性」との関係で決まりますが、その理屈を知っている必要はあまりありません。銀行などの金融機関が提示する条件で取引するか否かを判断するしかないからです。

ところで、20万円くらいの金額について先物取引をすることは、実際には容易ではありません。ただ、ほぼ同様の効果がある外為証拠金取引を活用することは可能でしょう。

$ コストを固めることがメリットとは限らない

先物取引を利用したヘッジは単純ですが、その効果は明らかです。原材料や商品を輸入して日本で製品を製造、あるいは商品を販売する企業であれば、円安のリスクをヘッジするために、将来のドル買いのレートを決めることができます。逆に、日本で作った製品を海外に輸出、販売しているメーカーは、将来のドル売りのレートを決めることもできるのです。

この考えかたはいろいろな局面で応用できます。アルミニウムのコストが上昇すると困るのであれば、アルミニウムを購入する価格の将来分を決めることができますし、鶏卵の価格が下がると困るのであれば、鶏卵の先物を用いて将来の売却価格を決めることもできるのです。

しかし、このように将来の価格を固めることは、メリットだけとは限りません。というのも、先物取引は、レストランや旅行の予約と異なり、**キャンセルが原則できない**のです。あるいは、キャンセルが可能であったとしても違約金があって、その違約金は、要するに、キャンセルしなかったときに負担したであろう損失の額と等しくなるのです。

グアム旅行のための為替レートの話を思い出してみましょう。

確かに12月の為替レートを8月時点で1ドル＝100円と固めてしまえば、12月に1ドル＝110円や1ドル＝120円など、1ドル＝100円よりも円安になったときのヘッジ、つまり、リスク回避手法と

して役立ちます。しかし、1ドル＝90円や1ドル＝80円になっていたらどうでしょう？　こんな先物取引しなかったほうがよかったということになりますね。

　しかし、先物取引はキャンセルできないのが原則なので、たとえば、1ドル＝80円になっていたら、ボーナスをもらったときに両替すれば2500ドルに両替できたはずなのに、先物取引をやっていたがために2000ドルにしか両替できないということが起きるのです。

「損得だけのやり取り」という観点から見れば、1ドル＝110円になれば2万円の利益というプラス面がありますが、1ドル＝80円になると4万円の損失を負担するというマイナス面もあるのです。

　これは、キャンセルしようとしても同じです。1ドル＝100円で買わなくてはならないというのが前提なので、キャンセルによってちゃらにすることはできません。1ドル＝80円のときにキャンセルしようとしたら、結局、4万円のキャンセル料もしくは違約金が必要になるので、キャンセルはしてもしなくても同じことなのです。

　みなさんの生活の中では、代金を後払いにして、オーダー・メイドで洋服を作るような感覚と考えればわかりやすいでしょう。

　代金を後払いにするということは、吊るしの洋服を買うのと比較すればモノと代金との交換が将来になるという意味でデリバティブの要素を持っていますが、もっと安くて気に入った服があったからとか、その洋服を着る機会がなくなったからといってキャンセルすることはできません。着ようが着まいが代金を支払わなくてはいけないというわけです。

　デリバティブで大きな損失が発生したので有名なのは、**サイゼリヤ**です。公表されている資料を見ると、対象となっていたのはオーストラリア・ドルで、2009年8月期の第2四半期（2008年12月～2月）に153億円あまりの解約損を計上していました（**参考資料5-1**、次ページ）。

第 5 章 | 最新（っぽい）金融技術の考えかた・使いかた

参考資料 ★ 5-1

サイゼリヤのデリバティブ解約損

単位：百万円

		当第2四半期連結会計年度 （自 2008年12月1日 至 2009年2月28日）
売上高		19,905
売上原価		6,983
売上総利益		12,922
販売費及び一般管理費		11,883
営業利益		1,039
営業外収益	受取利息	45
	デリバティブ評価益	13,846
	その他	2
	営業外収益合計	13,894
営業外費用	支払利息	29
	為替差損	144
	デリバティブ解約損	15,310
	その他	13
	営業外費用合計	15,497
経常損失		△563

（同社発表資料より作成）

💲 寿司屋と同じで「時価」は怖い

　先物に限ったことではないのですが、金融機関との付き合いの中では、デリバティブの**時価**にも気をつけなくてはいけません。お寿司屋さんで「時価」と聞くと、「いくら取られるかわからない」という恐怖感を抱くと思いますが、デリバティブの時価についても、同じような恐怖感を持ってもいいくらいなのです。

　そもそも、ファイナンスにおけるデリバティブの特徴は、「派生する元」との価格の連動性でした。「派生する元」の価格が動くと、デリバティブの価格も動いてしまうのです。ですから、為替レート、株価、金利、債券価格、アルミニウム、鶏卵など、価格が動くからこそヘッジが必要だとされるものを対象としたデリバティブについて見ても、そのデリバティブの価格や価値もやはり動いてしまうのです。

　この動きが常にプラス、つまりユーザーにとって有利であれば問題はありませんが、もちろんそうではありません。

　グアム旅行のための例を思い出せばわかるとおり、ドルを買うレート

として1ドル＝100円で決めていると、その後、決済（実際に2000ドルと20万円とを交換する、あるいは、差金決済する）までの間に円高が進行すると「しまった」と思うはずです。その「しまった」という部分を数字に直すと**「評価損」**であり、その評価損こそが**デリバティブの時価**なのです。

　単純に考えれば、1ドル＝100円のときにドルを買う約束をしているわけですから、1ドル＝80円になったら評価損になっているのは当たり前です。その評価損を格好よくいえば、デリバティブの時価になるのです。

　デリバティブの時価による勝ち負けは、上で見たとおり、評価損または評価益でしかありません。実際の損失ではないのです。しかし、銀行が取引先の企業の財務内容を見るときには、このような評価損益も気にすることが知られています。個人の取引であればかわいいですが、たとえば、1ドル＝80円のときに1ドル＝100円でドルを買わなくてはいけないという会社は、その金額が大きければ、大きな損失が発生することがほぼ確実です。他の会社が80円で仕入れているものを100円で仕入れているのと同じだからです。

　さきほどご紹介した**サイゼリヤ**ですが、2009年8月期の第2四半期に解約損を計上する前、同第1四半期（2008年9月～11月）にほぼ同額の評価損を計上していました（**参考資料5-2**、次ページ）。時価がマイナスになるということは、そのままであれば同じ額の損失が発生するというのとほぼ同じ意味で、ということは解約しても違約金・キャンセル料がほぼ同額請求されたのです。不要になってもキャンセルできず、仮にキャンセルしたとしても不利な取引をやったのと同じ経済的効果になり、かつ、時価でマイナスになると銀行からもいい顔をされないというのが先物です。取り組みにはけっこうな慎重さが必要なんですね。

参考資料 ★ 5-2

サイゼリヤのデリバティブ評価損

単位：百万円

		当第1四半期連結会計年度 （自 2008年9月1日 至 2008年11月30日）
売上高		20,793
売上原価		7,574
売上総利益		13,218
販売費及び一般管理費		12,211
営業利益		1,007
営業外収益	受取利息	42
	為替差益	1
	その他	4
	営業外収益合計	48
営業外費用	デリバティブ評価損	15,342
	その他	24
	営業外費用合計	15,366
経常損失		△14,310

（同社発表資料より作成）

★3 金利スワップ・為替予約
テーマパークの5年パスポートの損得は、そう簡単には判断できない

　先物取引によるヘッジの効果については、若旦那もなんとなくわかったものの、銀行の人が奨めてくる取引はもっと複雑なものが多いようです。銀行の人にいわせると、個別の先物が長いことつながっただけという話なのですが、本当にそうなのかどうか、もう少し考えないとわからないというのが若旦那の本音です。

　ご隠居によれば、ヘッジの効果というのは紙の上だけのもので、実際にはもっと複雑な要素があるとのことです。若旦那としては、その複雑な要素なるものについても自分なりに理解をした上でないと、いかに銀行からの奨めだといっても、ちょっと躊躇しているのです。

$ 相場の平均なんて、予想できないほうが普通

　銀行の人によると、若旦那の時計屋さんで扱っている高級腕時計は多くが海外製なので、**為替リスク**にさらされているんだそうです。イタリア製の時計であればユーロが、スイス製の時計であればスイス・フランが、それぞれ対円で高くなる（円安になる）と、仕入れ価格が上昇するおそれがあるというのです。

　それに対して銀行が提案しているのが「**連続型為替予約**」です。たとえば、1ユーロ＝125円でユーロを買うという取引を、毎月2万5000ユーロ、5年間連続で行なうというものです。

　毎月の取引を1つひとつ取り上げてみれば、その内容は前の(2)で見たのと同じです。1ユーロ＝125円よりも円安になれば「やっておいてよかった」となりますし、1ユーロ＝125円よりも円高になれば「やらなければよかった」となるわけです。

　銀行が提案しているのは、今の取引が1か月後から5年後まで60回あるというものです。ですから、この一喜一憂が60回あるというのが

ひとつの考えかたです。

　ただ、トータルでの「やってよかった」「やらなければよかった」というのは、今後60回（60月）の平均のレートが1ユーロ＝125円よりも円高になるか円安になるかです。60回の平均が1ユーロ＝125円よりも円安になれば、この取引を「やってよかった」となりますし、平均が1ユーロ＝125円よりも円高になれば「やらなければよかった」となるのです。

　単独の先物であれば、1回だけ、1ユーロ＝125円よりも円安になるか円高になるかで「やってよかった」と「やらなくてよかった」が決まりますから、予想や覚悟は相対的に容易です。しかし、これが60回続き、かつその平均が対象なんだとすると、予想はとても大変です。また、「1回（月）あたり2万5000ユーロ」とだけ聞くと、さほど大きな金額とは思えませんが、実際の取引金額は150万ユーロ、1億8750万円ですから、たとえば時価による勝ち負け（評価損益）はとてつもなく大きくなるかもしれないのです。

$ テーマパークの5年間パスポートを買う勇気

　さきほど紹介したデリバティブ取引は、みなさんの生活にたとえると、テーマパークの5年有効のパスポート券を買うようなものです。**1年有効のパスポートを買うとき、「何回行けば元が取れるか」**と考えるはずですが、それをデリバティブ的にいうと「（平均して）1か月何回行けば元が取れるか」となります。

　仮に1か月パスポートとか3か月パスポートがあれば、このような予想は相当な確からしさでできるでしょう。しかし、1年間といわれるとちょっと迷いますよね。まして、払い戻しできない5年間のパスポートとかいわれると、相当悩むはずです。

　同じことが**「金利スワップ」**と呼ばれる取引でも見られます。金利スワップというのは、変動金利で長期の融資を受けていたり、運転資金を銀行から借りていたりする会社が、**変動金利が上昇したら困るのでそのレートを固定しようという取引**です。さきほどの「連続型為替予約」とパラレルで考えると、外貨にあたるのが変動金利、為替レートにあたる

のが固定金利です。

「連続型為替予約」も、この金利スワップも、変動する要因を固定することができますから、特定の要素の変動がリスクだというのであればヘッジになるというのが銀行の説明です。しかし、銀行から見て一般論としてはこの議論は正しいのですが、ユーザーにとってはこの議論は必ずしも正しくありません。

たとえば、為替レートが円安になって腕時計の仕入れ価格が上がったとしても、そのときに販売価格を上げることができればヘッジの必要はありません。円安はリスクではないのです。同じく、変動金利が上がって借入の利息が増えたとしても、金利が上がるのは景気がいいときで、景気がいいときには売上が伸びるのであれば、やはり、変動金利の上昇はリスクではありません。

会社は稼ぐおカネを大きくするためにビジネスをやっているわけですから、**ヘッジするリスクは、「稼ぐおカネ」に影響する要因でなくては意味がありません**が、仕入れ値や金利が上がっても稼ぐおカネに影響しないのであれば、ヘッジの必要はありません。むしろ、デリバティブ取引をすることによって、それまでなかったリスクが付加されるかもしれないのです。

$ 嫌いなものはたくさん食べさせられる

しかも、銀行が提案するデリバティブには**「レシオ」**なる、妙な特約が付いていることがあります。さきほどの1ユーロ＝125円で毎月2万5000ユーロ買うという取引の代わりに、1ユーロ＝120円よりも円安（ユーロ高）であれば、その月は1万2500ユーロを1ユーロ＝120円で買うことができる、一方、1ユーロ＝120円よりも円高（ユーロ安）であれば、その月は2万5000ユーロを1ユーロ＝120円で買わなくてはいけないとし、そのような金額の変更がありうる取引を、5年間毎月、計60回継続するのです。

「レシオ」というのは、若旦那の時計屋さんが（買いたいときに）**買える金額**と、（本当は買いたくないのに）**買わなくてはならない金額**が等

しくなく、レシオ（割合）があることを示しています。ユーロが 120 円よりも安いときには 120 円でたくさん買わなくてはいけないし、ユーロが 120 円よりも高いときには少ししか買えないという条件なのです。

　ユーザーにとって不利な条件が付されているだけでしたら誰もそんな取引はしませんから、この場合、レシオのない取引よりもレートそのものはユーザーに有利になっています。1 ユーロ＝ 125 円ではなく、1 ユーロ＝ 120 円で買うことになっているからです。しかし、このレートで買う「ことができる」、とユーザーに有利な方向にだけ解釈するのが危険なのは前段で見たとおりです。

　テーマパークの例でいえば、たとえばですが、晴れた日には半日だけしか入場できず、雨の日には終日入場しなくてはならないというイメージでしょうか。あるいは、食べ放題のレストランで、不人気なメニューを 2 品完食してからでないと人気のメニューを 1 品注文することができないといった感じです。**嫌なことは倍やらなくてはならない、望ましいことは半分しかできない**、という条件なのです。

　これに、そもそもヘッジをしたほうがいいのかという議論が加わるとどうなるか？　ユーザーとしてはまさに踏んだり蹴ったりになるわけです。当事者の具体名は挙げませんが、いろいろと訴訟が起きたりしているのもわかりますね。

オプションとリアル・オプション

★4 日本シリーズ第5戦の
チケットの価値は、
それまでの勝敗によって変化する

　(3)で出てきたような、将来の為替レートを決める取引のことを、銀行では**「為替予約」**といいます。ところが、ご隠居が若旦那にいったとおり、為替予約でいう「予約」はレストランの予約や旅行の予約とは異なり、いったん取引をしてしまうと原則としてキャンセルができません。レストランの予約や、出発日まで間がある旅行の予約のようにキャンセルにおカネがかからないか、おカネがかかってもさほどの金額でない取引は、デリバティブ的には先物ではなく**「オプション」**に相当すると考えられるのです。

$ したければできるが、したくなければやらなくてもいい

　ファイナンスの世界のオプションは、一般的には「買う権利」「売る権利」という形で現れます。先物（為替予約）ですと「1ドル＝100円で10万ドルを買う」となりますが、オプションだと「1ドル＝100円で10万ドルを買う『権利』」となるのです。**「権利」**という言葉の意味は、**「やってもいいし、やらなくてもいい」**ということで、やるかやらないか（「買う権利」であれば「買うか、買わないか」）は権利を持っている人が決めればいいのです。

　ファイナンスの世界では、利益が上がるのに取引をしない人、あるいは、損をする取引をわざわざする人、どちらも世の中には存在しないと考えます。つまり、「やってもいいし、やらなくてもいい」という取引を「やる」のは儲かるときですし、「やらない」のは、やったら損をするときです。

　さきほどの「1ドル＝100円で10万ドルを買う『権利』」を持っている人であれば、1ドル＝105円とか1ドル＝110円など、「この値段で買う『ことができる』」ことになっている値段よりも実際の値段が

241

高ければ、この権利を使って1ドル＝100円でドルを買うでしょう。逆に、1ドル＝100円よりも円高になっていたら、この権利は行使せず（1ドル＝100円でドルを買うことはせず）、別のところで安いドルを買えばいいのです。

　(1)で説明した、儲けや損だけをやり取りするというデリバティブの特徴とオプションを組み合わせると、取引はもっと単純になります。「1ドル＝100円で10万ドルを買う『権利』」というのは、実際には、「1ドル＝100円を超える円安になっていたら、『100円よりも円安になっている分』を10万ドル分もらえる立場」と同じです。1ドル＝110円になっているときであれば、10円×10万ドル＝100万円もらえますが、その100万円と、もともと払ってもいいと思っていた1000万円（100円／ドル×10万ドル）にこの100万円を足せば、市場実勢（1ドル＝110円）で10万ドルを買えるからです。

$ 儲かるだけの立場には誰でもなりたい

　さきほどの例、つまり、「1ドル＝100円でドルを買う『権利』」を持っている人が損をすることはあるでしょうか？　答はノーですね。なぜなら、1ドル＝98円になったら、権利を使わなければいいからです。儲けと損のやり取りをする場合であっても、2円を払わなくてはいけないわけではありません。これは、損をすることもあれば儲かることもある先物（為替予約）との大きな違いです。

　「そんな美味しい話があるのか！」と思ったかもしれませんが、さすがに**ファイナンスの世界では美味しいだけの話はありません**。儲かることはあって損をすることがないのだとすると、特にファイナンスの難しい理屈を持ち出すまでもなく、**そのような立場には価値がある**ことが明らかです。つまり、「○×する『権利』」であるオプションには必ず価値がありますから、そのような権利を入手する、儲かるだけの立場になるためには、おカネを払わなくてはならないのです。

　ちなみにですが、「買う権利」のことは**「コール・オプション」**、「売る権利」のことは**「プット・オプション」**といいます。さきほどの「1ドル＝100円で10万ドルを買う『権利』」はドルを「買う『権利』」な

ので、ドルのコール・オプションです。

　コール・オプションには、たとえば、1ドルあたり1円とか2円、金額が10万ドルですと10万円とか20万円といった価値があるため、コール・オプションを入手するためには、おカネを払うことになるのです。「1豪ドル＝90円で5万豪ドルを売る『権利』」というのは、豪ドルのプット・オプションの例というわけで、やはりこれにも価値があります。

　ところで、オプションについては、オプションを持っている人が、その権利を行使する相手方が存在します。その相手方は、オプションを持っている人が権利を行使すると損をするが、オプションが行使されなくても儲かることはありません。

　しかし、そのような立場をタダでやってくれるお人好しはファイナンスの世界には存在しません。つまり、オプションが行使されたときの相手方という立場になると、いくばくかのおカネがもらえるわけです。このような人が、オプションの買い手の反対側にいる、オプションの売り手なのです。

$ 映画やコンサートのチケットを持っていても観に行く必要はない

　オプションを持っていると「儲かるだけで損はしない」立場ですが、そのオプションを入手するためにおカネを払わなくてはいけません。なので、オプションを「買う」ということは、利益は大きくなる可能性がある一方で、損失は限定的だといえます。1ドル＝100円で10万ドルを買うというコール・オプションを1ドルあたり2円で買ったとすると、当初20万円払わなくてはならず、しかも、このオプションを行使しないかもしれません。しかし、1ドル＝110円になれば100万円、1ドル＝150円になれば5000万円、と利益はどんどん大きくなる可能性があるのです。

　このように考えると「権利ではあって義務ではない」「権利を手に入れるためにはおカネが必要だが、いったんおカネを払ってしまえば追加でおカネを払う必要がない（支払う額が限定されている）」という立場は、

ファイナンス的な意味ではオプションであるといえます。

みなさんの生活でいうと、たとえば、旅行というのは、かなり前もって予約をしておけば席や宿を確保しておけますが、キャンセル料というのは数日前までゼロかごくわずかです。旅行に行けばどこまででも楽しめる可能性がある一方で、キャンセルの金額はごくわずかなのですから、これはオプションの特徴です。

もっといえば、映画やコンサートのチケットもオプションとしての性質を持っていて、チケットを買ったからといって観に行く義務はありません。観に行かなくても「損失」はチケット代に限定されます。時間的に観に行く価値があると思うときだけ観に行けばよく、前評判が高かったりすれば時間を使おうとなるでしょう。それもやはりオプションの特徴だといえるのです。

$ 日本シリーズ第5戦のチケットの価値はどう変化するか

為替や株、債券や金利など金融商品を対象とするオプションの価値については、**「金融工学」**と呼ばれる分野があって、正確性が高いと思われている計算式で決まります。もっとも、式が正しくても変数に「思惑」が入ると、結局は理論値の計算は極めて難しいというのは、企業価値評価と共通しています。

ただ、オプションは「儲かることはあっても、損をすることはない」という特徴がありますから、**儲かる可能性が高くなるか、あるいは、儲かったときの利益が大きくなると思われると、その価格は上がります。**逆に、儲かる可能性が減ったり、儲かったとしてもその利益が小さくなると思われたりすると価格は低下するのです。いろいろな要素はありますが、要するに、(1)で見たとおり、価格の連動性に注目するのが一番大切です。

1ドル＝100円で10万ドルを買う「権利」を持っていて、外国為替相場が1ドル＝90円のときには、この権利にはあまり価値がないことはわかるでしょう。権利を行使するかしないかを決めるのが将来だとしても、今の為替レートが1ドル＝90円だとすると、1ドル＝100円を超えていき、この権利から儲けられる可能性はあまり高くないからです。

また、仮に1ドル＝100円を超える円安になっていくにしても、今が1ドル＝90円なのですから、それほど大きく超えることは望めず、儲けは小さいことが予想されるからです。

では、1ドル＝90円だった外国為替相場が1ドル＝110円という円安になったらどうでしょう？　まず、これも将来のことですから確実なことはいえないものの、1ドル＝100円でドルを買う権利を行使する可能性は高まります。また、今が1ドル＝110円だとすると、さらに円安になって儲けがとても大きくなるかもしれません。つまり、1ドル＝90円から1ドル＝110円になったら、ドルのコール・オプションの価格は高くなるのです（図5-1）。

図 ★ 5-1
オプションの価格

1ドル＝100円で10万ドルを買う権利
（ドルのコール・オプション）

1ドル＝90円のとき　低い　↓
1ドル＝110円のとき　高い　↑

このオプションを行使する可能性
1ドル ＞ 100円

オプションを行使するときの利益
100円からの円安幅

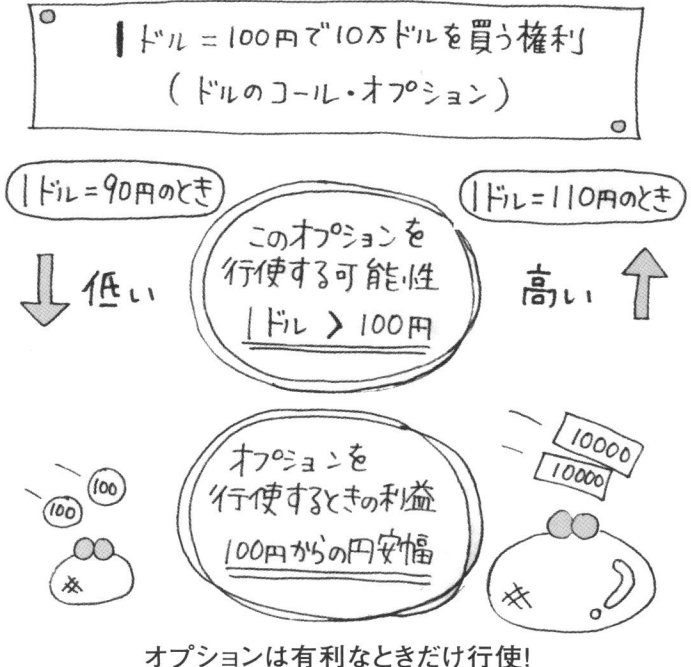

オプションは有利なときだけ行使！
不利なときは行使しない

オプションとは「買う権利」あるいは「売る権利」であり、その権利の価格が動くと聞くと話がかなり抽象的になります。なので、必要以上に難しく思えてしまうかもしれません。しかし、さきほどの映画やコンサートのチケットもオプションだという話から、こう考えるとわかりやすいでしょう。

　日本シリーズの第5戦のチケットというのを考えてみましょう。人にもよるでしょうけれど、日本シリーズを観に行くのであれば、日本一が決まる試合を見たいと思うものです。ということは、どちらかが3勝1敗となったときの第5戦のチケットは、2勝2敗で第5戦を迎えるときと比較して、（合法的かどうかは別として）より高い値段であっても買いたいと思う人が増えるでしょう。

　日本シリーズのチケットという「野球の試合を観る権利」の（潜在的な）価値は、対戦成績にいわば連動しています。つまり、日本一が決まる可能性のある第4戦以降については、日本シリーズのチケットの価値は、対戦成績のデリバティブなのです。

担保と証券化

⑤ 時計屋さんの店舗にある時計を借金のカタにすれば、低利でおカネを借りられるかも

　若旦那が新聞を読んでいると、地元の信用金庫が**「動産担保融資」**なるものを始めたと出ていました。なんでも、金融機関がおカネを貸すときには不動産担保を欲しがるものの、規模の小さい中小企業は不動産を持っていないために担保にできず、おカネが借りられないという問題があって、それを解消するためのひとつの方法なんだそうです。

　そういえば、若旦那の取引先の銀行員も、以前、手形の流動化とか売掛債権の流動化といった難しいことをいっていました。若旦那の時計屋さんは、基本的には運転資金のための借入を短期でしているだけで、今のところ銀行の融資もちゃんと受けられているので特に難しいことをやろうとは思っていないのですが、10年後、20年後には後継者のいない近隣の時計屋さんをどんどん買収していくことも夢物語ではありません。そのためには、多少高度な資金調達手法も知っておくべきかも、などとも思います。

$ ベニスの商人の肉1ポンド

　担保というのは、おカネを借りた人が借りたおカネを返せなくなったときのために、別の財産を売却して返済に充当しょうという、**金融機関の側に都合のよい技術**です。

　たとえば、若旦那が借りている住宅ローンでは、借金を返すのは若旦那です。ところが、若旦那になにかあって借金が返済できなくなったら、住宅ローンを貸している銀行は担保となっている住宅を売却し、その代金から回収することができるのです。

　住宅ローンが返せないと家が銀行に取られるというのは、厳密には正しくありません。担保となっている財産を、銀行が自分のものにしてしまうわけではなく、裁判所が関与する手続きで売却し、その代金から回

収するのが原則だからです。

　ですから、1500万円の借金があって、担保が2000万円で売れれば、その2000万円のうち1500万円は銀行への返済に回りますが、500万円は借りていた人のものになります。

　また「家を取られる」という表現は、なんとなく、家が取られれば借金がちゃらになる印象を受けますが、それも厳密には正しくありません。1500万円の借金があって、担保となっている住宅が1200万円でしか売れなければ、1200万円が銀行への返済に回り、さらに300万円を返済し続けなくてはならないのです。

　おカネを貸す側から見ると、担保があるときとないときとでは、担保があるときのほうがおカネを貸しやすくなります。住宅が担保になっていないのに、個人に何千万円も貸すことはできないわけで、いざとなったら担保を売れるからこそ銀行も住宅ローンを貸せるのです。

　シェークスピアの戯曲「ベニスの商人」で、シャイロックがバサーニオにおカネを貸すのにアントニオを保証人とし、さらに、保証人であるアントニオもおカネを返せなくなったときのためにアントニオの肉1ポンドを「担保」にします。経済的に意味があるかどうかはともかく、シャイロックからすると、そうすることでおカネが貸しやすくなるという理屈だったのです。もちろん、換金性があるかは多いに疑問であって、実際には、消極的とはいえ害意があったことが後から露呈するわけですが……。

　「換金して回収に充当する」というのは、第3章の(4)で出てきた売掛債権や棚卸資産（在庫）を、担保として利用する場合でも同じです。そもそも、運転資金というのは、これら売掛債権や棚卸資産のためのおカネという性質があるのですが、明示的に担保とすることで、「いずれは会社が換金してくれる」ことをアテにするのではなく、いざとなった銀行が関与することで強制的に換金しようとするのです。

　若旦那の時計屋さんの例で考えてみるとわかりやすいでしょう。店舗にある高級腕時計には、当然、それなりの価値があります。ですから、

これらを担保にしておけば、銀行が若旦那の時計屋さんに対して融資がしやすくなるのです。高級腕時計は、すぐに、かつ大量に消費者に売れるものではないかもしれませんが、ディスカウント・ストアに納入する現金買入業者などがありますから、ある程度の金額に換金することは難しくないからです。

💲 担保があるのに相手が倒産したら

　担保があれば、おカネを貸すときの安心感が増えるため、おカネを貸しやすくなります。貸す側が貸しやすくなるということは、借りる側はおカネを借りやすくなります。であれば、会社を含め多くの人がもっと担保を積極的に利用すればいいでしょう。しかし、実際には、特に会社は、おカネを借りる場合でもできるだけ担保を使わないようにします。

　なぜかというと、担保を使えばおカネが借りやすいというのは、**裏返すと、担保を使わないとおカネが借りにくいと思われる**かもしれないからです。

　おカネが借りにくいというのは、簡単にいえば「アブない」（期日に支払いができない）という意味で、そう思われると、それまで掛けで納入をしていた会社（第3章の(4)、(5)を参照してください）が現金払いを要求し始め、会社からおカネがなくなり、本当にツブれてしまうかもしれません。なので、工場建設のために借りるおカネで、その工場の土地・建物を担保にするなど、特殊な例以外では、担保は避けようとするのです。

　もっとも、担保があって、かつその担保に十分な価値があるからといって、金融機関から見て安全だというわけでもありません。というのも、担保を取っていても、借り手の会社が倒産してしまったら、それ以降は金融機関が自由に担保の処分ができなくなるからです。裁判所が関与することになる倒産の手続きの中では、担保があれば担保がないのと比較すれば有利になりますが、そうはいっても、担保を処分したいときに処分できないと、おカネを貸した人は困ってしまいますね。

💲リーマン・ショックの元凶ともいわれている「証券化」

　おカネを借りた人が倒産しても担保から確実に回収できるようにすれば、誰が借りているのかは関係なく、担保にだけ注目すればいいことになります。その技術を**「証券化」**といいます。

　技術的にはそれほど難しくなく、担保として価値のある財産をペーパー会社に移し、そのペーパー会社がおカネを借りたり、社債を発行したりするのです。

　若旦那も「不動産の証券化」という言葉はなんとなく聞いたことがあって、近くのターミナル駅のビルが次々と証券化されていたというのも耳に挟んだことがあります。おカネを借りる人が倒産をしても担保からの回収が図れるため、貸す側はおカネを貸しやすくなります。ということは、借りる側もおカネが借りやすくなって有利な条件で資金の調達ができるのです。

　しかし、いわゆるリーマン・ショックは証券化が元凶だったというのも、若旦那はどこかで読んだことがあります。貸し手も借り手も喜ぶ技術が、なぜ金融危機を引き起こしたのでしょうか。

　簡単にいえば、担保に頼るということで浮かれてしまって、担保にちゃんとした価値があるかどうかを見なかったんですね。たとえば、「サブ・プライム」問題は、証券化されたのが「サブ・プライム住宅ローン債権」だったことが原因として発生しました。所得の低い人たちが借りた住宅ローンが次々と焦げ付いて、それら住宅ローンを担保にした証券がぐちゃぐちゃになったのです。

　サブ・プライム住宅ローン自体も住宅ローンですから担保があったわけですが、その担保だった住宅の価格が下落することを予想できなかったというのも大きな問題でした。

　これは、たとえば腕時計を担保にするということばかりに注意していて、1個100万円の腕時計も、1個1000円もしない腕時計も、すべて定価（小売価格）で売れると思っていたようなものです。

　証券化すれば、時計屋さんの倒産の影響は免れるかもしれませんが、

不動産の証券化の仕組み

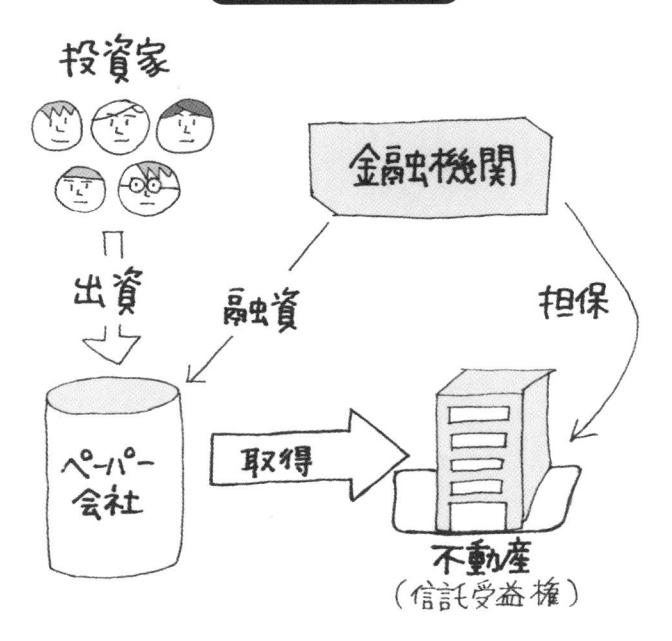

　定価が1個1000円の腕時計は、たとえば業者に引き取ってもらおうとしたらまず価値はありませんし、1個100万円の腕時計もマージン（小売価格と仕入れ価格との差）が大きいですから、すぐに換金しようとしたら価値がすごく下がります。

　担保の価値は想定よりも下がることがありますし、その場合には全額は回収できなくなるというのは、事後的には当たり前の話なのですが、当時はそこまで気が回らなかったんですね。

若旦那　「デリバティブっていうのは魔法みたいなものかと思っていましたけど、要するに、相場なんですね」

ご隠居　「相場というと単純化しすぎかもしれないけれど、動くからこそ意味があるという点ではそのとおりだよ」

若旦那　「で、ヘッジの役割もわかりましたけれど、実際にヘッジすべきリスクかどうかは検討が必要ですね」

ご隠居　「そうだね。銀行の側は表面的な提案しかしないことが多いからね」

若旦那　「証券化のメリットはその点わかりやすいような気がしますが、面倒そうなので、もっと大きな会社向けですかね」

ご隠居　「そうだね。一定のニーズがある会社には証券化も有効な技術といえるね」

おわりに

　最後までご覧いただきありがとうございます。本書は、ファイナンスの分野の中でも、特に理論的な部分を扱っていますから、いささかお疲れになったのではないでしょうか。
　ただ、いわゆる教科書と比較すればわかりやすい工夫はしたつもりですし、また、実際の企業の株価や財務諸表も利用して現実から遊離しないようにも努めています。再度、若旦那になったつもりで通読いただき、あるいは、最新の株価や財務諸表と対照しながら検討してみれば、一層、内容が身に付くものと信じます。

　本書で身に付けた知識の活用方法ですが、サラリーマンの方であれば、自らの勤務先、あるいは取引先について、本業の部分だけではなく、ファイナンスという観点から見ることからスタートすればいいでしょう。金融機関にお勤めのかたであればなおさらです。学生や主婦・主夫の方であれば、親御さんや配偶者の方の勤務先をファイナンス的に見てみるとおもしろいかもしれません。
　また、ファイナンスはいろいろなところでつながっていますから、資産運用の面でも間接的に役立つことは間違いありません。おそらく、新聞の相場欄や企業業績欄に書いてあることの理解度がだいぶ高まっていることに気付くはずです。

　ところで、ストーリーの主人公の若旦那、今後どうするのでしょう？　筆者のおすすめは、隣町の時計屋の買収などせず、堅実に自分のお店を守りながら、同

じ顧客層が購入するような隣接分野（宝飾品？）に進出していくことですが、筆者はリスクをとるのが嫌いなタイプだからそう考えるのであって、真の企業家はそうは考えないんでしょうね。もしかすると、おカネを借りてまで一気に事業拡大を図り、将来の株式上場を狙うのかもしれません。そのときには、本書に書いてある理論を充分に活用してほしいものですね。

永野良佑（ながの　りょうすけ）
一橋大学経済学部卒業後、外資系金融機関にて、金融商品開発などに長く従事。ストラクチャード・ファイナンス分野では、住宅ローンや不動産担保融資の証券化における日本の黎明期世代のひとりであり、クレジット商品の分野では当時数少ない日本人のディーラーであった。現在は金融アナリストとして執筆・講演活動を活発に行なう。金融専門誌への寄稿多数。著書は『これでわかった！ファイナンス』（PHP研究所）、『20代からのファイナンス入門』『金融がやっていること』（筑摩書房）、『ファイナンスの実務と法』（中央経済社）など多数。

ryosuke.nagano@gmail.com
ryosuke.nagano@live.jp

〈金融の基礎から企業価値評価、投資戦略まで〉
ストーリーでつかむファイナンス理論

2013年11月10日　初版発行

著　者　永野良佑　©R. Nagano 2013
発行者　吉田啓二
発行所　株式会社 日本実業出版社　東京都文京区本郷3-2-12 〒113-0033
　　　　　　　　　　　　　　　　　大阪市北区西天満6-8-1 〒530-0047
　　　　編集部 ☎03-3814-5651
　　　　営業部 ☎03-3814-5161　振替 00170-1-25349
　　　　　　　　　　　　　　　　　http://www.njg.co.jp/

印刷／壮光舎　製本／若林製本

この本の内容についてのお問合せは、書面かFAX（03-3818-2723）にてお願い致します。
落丁・乱丁本は、送料小社負担にて、お取り替え致します。

ISBN 978-4-534-05128-8　Printed in JAPAN

日本実業出版社の本

世界一やさしい金融工学の本です

田渕直也
定価 本体1600円（税別）

マンガで解説する金融工学の超入門書。デリバティブ、スワップ、オプションからブラック＝ショールズ・モデル、リスク管理の概要まで、金融工学の基本がビジュアルですんなりと理解できます。

「それ、根拠あるの？」と言わせない
データ・統計分析ができる本

柏木吉基
定価 本体1600円（税別）

データ集めからリスクや収益性の見積り、プレゼン資料作成までのストーリーを通し、仕事でデータ・統計分析を使いこなす方法を紹介。日産で実務に精通する著者による、現場の「コツ」が満載！

この1冊ですべてわかる
ファイナンスの基本

佐藤公亮
定価 本体1700円（税別）

資金を調達する際、求められるのが、企業価値の向上を見込んだファイナンス。社債発行、増資などの法律上の注意点、財務諸表の読み方から、ＤＣＦ法、資本コストの考え方などまでを解説します。

図解でわかる
企業価値評価のすべて

KPMG FAS
定価 本体2000円（税別）

企業価値評価のしくみから算出の実際、計算のポイント、これから重要となる無形資産の評価までを解説。経営戦略や事業計画立案のモノサシとして、M&Aや投資の判断基準として、重要な知識。

定価変更の場合はご了承ください。